Hohenheim

Lyonel Feininger: Marktkirche und Roter Turm

Streiflichter
aus Halle

Herausgegeben
von Michael Schmirler

Hohenheim Verlag
Stuttgart · Leipzig

Mit freundlicher Unterstützung der
Stadtwerke Halle GmbH

Wappen der Stadt Halle

Die Deutsche Bibliothek – CIP-Einheitsaufnahme
Ein Titeldatensatz für diese Publikation ist bei der
Deutschen Bibliothek erhältlich

© 2001 Hohenheim Verlag GmbH, Stuttgart · Leipzig
Alle Rechte vorbehalten
Satz und Reproduktionen: Hahn Medien GmbH,
Kornwestheim
Druck- und Bindearbeiten: Wilhelm Röck, Weinsberg
Printed in Germany
ISBN 3-89850-055-1

Inhalt

*Das (1945 durch Bomben zerstörte) alte Rathaus,
links das Händel-Denkmal*

Ingrid Häußler

Das neue Halle

„Hier zu leben bedeutet, den Wandel zu erleben."

„Was wir heute tun, entscheidet, wie die Welt von morgen aussieht." Dieser Ausspruch Boris Pasternaks ist für die Stadt Halle seit den Wendejahren 1989/90 von besonderer Bedeutung. Mit einem hohen Maß an Risikobereitschaft, Ideenreichtum und Idealismus versuchen wir, die vielfältigen Möglichkeiten der Wiedervereinigung für die Saalestadt zu nutzen. Wie erfolgreich diese Bemühungen sind, erleben die Hallenser täglich, und auch ihre Besucher erkennen es auf den ersten Blick: Halle ist keine „graue Diva" mehr – längst hat sie das schmutzige Industriekleid abgelegt.

Auf den zweiten Blick gibt es noch weit mehr zu entdecken als große städtebauliche Veränderungen. Wissenschaft und Wirtschaft wurden nicht nur wiederbelebt und zukunftsorientiert weiterentwickelt, sondern auch auf innovative Weise miteinander verknüpft. Kunst und Kultur haben in Halle ebenfalls einen hohen Stellenwert. Tradition, Szene- und Hochkultur fügen sich zusammen zu einem farbenfrohen Mosaik mit besonderem Charme.

Für eine erfolgreiche Zukunft braucht man Visionen, allerdings solche mit Realitätsanspruch. Halle krankt dabei nicht an der Sucht nach Superlativen. Nicht immer spektakulär, dafür auf tragfähiger Basis vollzieht sich die wirtschaftliche Erneuerung von der einstigen Metropole der Großindustrie zu einem modernen Technologie- und Dienstleistungsstandort. Neben den traditionellen Branchen, zu denen auch der Maschinen- und Anlagenbau sowie die Lebensmittelindustrie gehören, gilt der Ansiedlung junger Unternehmen besonderes Augenmerk. Mutige Strategien gepaart mit kaufmännischem Verstand sind die Grundlagen der Arbeit des Technologie- und Gründerzentrums, des Biozentrums und des Wirtschafts-, Wissenschafts- und Innovationsparks. In enger Kooperation mit der Universität und anderen wissenschaftlichen Instituten gelten diese Einrichtungen heute als „Jungunternehmerschmieden" und „Denkfabriken" für die gesamte

Region. Erklärtes Ziel aller Bemühungen ist es, Erkenntnisse der Forschung in kommerziell verwertbare Produkte und Verfahren umzuwandeln.

Halle begegnet neuen wirtschaftlichen und wissenschaftlichen Entwicklungen stets aufgeschlossen – so auch der zunehmenden Bedeutung multimedialer Informationstechnik. Im Herbst 2000 habe ich deshalb die Initiative „Halle digital" ins Leben gerufen. Aufgabe dieser Initiative ist es, günstige Voraussetzungen und Bedingungen für die Arbeit der einheimischen IT- und Multimediabranche zu schaffen. Von zentraler Bedeutung ist dabei die Bündelung und Vernetzung der vorhandenen Kräfte und Ressourcen, um Stärken konsequent auszubauen und wirtschaftlich erfolgreich zur Geltung zu bringen. „Halle digital" unterstützt auch den Bau des Mitteldeutschen Multimediazentrums, welches 2003 fertig gestellt werden soll. Dieses spezialisierte Verfügungsgebäude für Existenzgründer und Firmen der Branche ist ein wichtiger Schritt zur weiteren Qualifizierung der Infrastruktur bzw. zur Verbesserung der Standortfaktoren in der Saalestadt. Tradition und Innovation haben in Halle einen gemeinsamen Weg in die Zukunft gefunden.

Ein Spiegel der erfolgreichen Wirtschafts- und Wissenschaftspolitik ist Halles Architektur – und hier ist natürlich nicht alles nur Fassade. Die historische Altstadt lädt mit sanierten gründerzeitlichen Bauwerken und mittelalterlichen Großbauten stets neu zum Verweilen ein. Es ist nicht nur gelungen, in der Innenstadt hochwertigen Wohnraum zu schaffen, sondern auch bauliche Lücken niveauvoll und innovativ zu schließen. Das innerstädtische Geschäftsleben konnte beispielsweise durch die Gestaltung des Händelkarrees angeregt werden. Die Bebauung der „Spitze" mit der Georg-Friedrich-Händel-Halle und dem MDR-Funkhaus unterstreicht und fördert zugleich Halles neue innerstädtische Dynamik. Natürlich widmen die Planer ihre Aufmerksamkeit nicht nur dem historischen Stadtkern. Auch das Erscheinungsbild der Großplattenbausiedlungen hat sich seit 1989 zum Positiven verändert. Es galt und gilt noch immer, die ästhetischen Defizite dieser Stadtteile architektonisch zu beseitigen und deren Wohnwert zu erhöhen. Darüber hinaus machen Wohnungsneubauprojekte von sich reden, so zum Beispiel das Entwicklungsgebiet Heide-Süd. Dort sollen unter anderem Wohnungen unterschiedlicher Art und Größe für insgesamt vier- bis fünftausend Menschen entstehen.

Nicht nur wohnen, sondern auch genießen kann man in Halle, der Kulturstadt. Wird sie anderswo oft vermißt, an der Saale gibt es sie – eine vielfältige und bunte Kulturszene. Theater, Museen, Galerien und Orchester, aber auch eine interessante Szene- und Stadtteilkultur haben hier oftmals seit Jahrhunderten ihre Wurzeln. Händel erblickte in Halle das Licht der Welt. Folgerichtig werden Händeltradition und -pflege groß geschrieben. Höhepunkt dieser Aktivitäten waren 2001 die 50. Händel-Festspiele. Auch im Hinblick auf die Europäische Einheit leistet diese Veranstaltung alljährlich einen wichtigen Beitrag. Besonders deutlich wurde dies dadurch, daß der englische Premierminister Tony Blair und Bundeskanzler Gerhard Schröder die Doppelschirmherrschaft für die Jubiläumsfestspiele übernahmen. Wie sehr die zukunftsorientierte Saalestadt ihrer fast 1200jährigen Vergangenheit verbunden ist, zeigen auch beliebte Volksfeste wie das Laternen- oder das Salzfest, die jeden Sommer besondere Publikumsmagnete sind.

Lebensqualität hat viele Facetten, sie ist so bunt wie Halles Kultur – und zum Beispiel grün. Mit 71 Quadratkilometern Grün- und Wasserfläche bietet die Stadt ein breites Spektrum der Freizeit-, Sport- und Erholungsmöglichkeiten. Kraft schöpfen für die angestrebte Erneuerung – Halles grüne Lunge läßt auf- und durchatmen.

Die wichtige Aufgabe, unser Morgen aktiv zu gestalten, wird um so vielschichtiger, je intensiver wir unsere Kinder einbeziehen. Halle hat sich zu einer familien-, kinder- und jugendfreundlichen Stadt entwickelt. Moderne Konzepte für die soziale Sicherheit erlauben es den Menschen, flexibel auf Veränderungen zu reagieren. Jugend- und Familienpolitik ist auf den einzelnen, das Individuum ausgerichtet. Mehr als 100 Kindertagesstätten stehen in Halle zur Verfügung, eine Pluralität der Träger sichert die pädagogische Vielfalt. Als Erlebnisräume für Begegnung, Spiel und Bildung sind die Jugendfreizeiteinrichtungen von besonderer Bedeutung. Sowohl freie Träger als auch die Stadt Halle selbst offerieren präventive Angebote, um soziale Benachteiligung auszugleichen. Im Einklang mit dem Familienalltag haben die Heranwachsenden die Möglichkeit, einerseits Individualität auszuleben und andererseits soziale Kompetenz zu erwerben.

Die Anziehungskraft einer Stadt bemißt sich maßgeblich an den vorhandenen Bildungsmöglichkeiten. Halle hat in dieser Hinsicht Hervorragendes zu bieten. Hier lernt es sich gut – eine vielfältige Auswahl an Bildungseinrichtungen sorgt für die neigungs- und begabungsgerechte Schullaufbahn der Kinder und Jugendlichen in der Saalestadt. Darauf aufbauend, wurden breitgefächerte Angebote der beruflichen Aus- und Weiterbildung geschaffen. Sie orientieren sich zum Teil an den traditionellen wirtschaftlichen Strukturen der Stadt, beziehen aber gleichzeitig auch neue, multimediale und technologische Entwicklungen ein. Umgesetzt wird dieses innovative Konzept unter anderem von der Hochschule für Kunst und Design Burg Giebichenstein sowie der Martin-Luther-Universität, welche in Kürze ihr 500jähriges Jubiläum begeht.

Die lange Tradition des freien und kreativen Denkens in Halle basiert auch auf der in den Franckeschen Stiftungen geleisteten Arbeit. Das einzigartige Kulturdenkmal pflegt noch heute die Wurzeln pädagogischer Anfänge in der Saalestadt. „Mitten im

Aufbruch" befinden sich die sozialen, pädagogischen und wissenschaftlichen Einrichtungen, die 1998 ihr 300jähriges Bestehen feierten. Die Wiederbelebung der Franckeschen Stiftungen ist maßgeblich verknüpft mit dem unermüdlichen Wirken Professor Paul Raabes. Im Geiste des Gründervaters August Hermann Francke etablierte er die Stiftungen seit 1991 wieder zu einer bedeutenden historischen, kulturellen und pädagogischen Institution Halles.

Die Stadt an der Saale repräsentiert wie kaum eine andere Dynamik und Widersprüchlichkeit der Umgestaltungsprozesse im vereinten Deutschland. Für Halle lassen sich viele Attribute finden: die Kulturstadt, die Wirtschaftsstadt, die Universitätsstadt ... Im Herzen Deutschlands offenbart sich ein gewaltiges Potential an Forschung, Entwicklung, Know-how und ausgeprägtem künstlerischem Flair. Auf der Suche nach einer gültigen Struktur für das 21. Jahrhundert befindet sich Halle im Aufbruch: eine interessante, junge, alte Stadt, die ihre Zukunft aus der Tradition gestaltet.

Ricarda Huch

Hallenser und Halloren

Schon für die Karolinger war die spätere
Hansestadt wichtig

Sieht man das Denkmal Händels auf dem
Marktplatz zu Halle, so denkt man vielleicht,
wie zufällig und sinnlos es wäre, daß dieser
große Künstler gerade hier geboren wurde,
ein Quell der Gesänge in der Fabrikstadt;
betrachtet man aber die Geschichte Halles,
so erscheint es bedeutungsvoll. Halle liegt
mitten in dem Gebiet, begrenzt von Wittenberg, Mansfeld, Eisleben und Magdeburg, wo
die Reformation ihren Ursprung nahm, stürmisch erwuchs und festgehalten wurde, und
mit der Reformation erhob sich zugleich die
neue Kunst, die Musik, trug sie und wurde
von ihr getragen.

Gerade der heroische Charakter der
Händelschen Musik stimmt zu Halle, das
einen heroischen Zug hatte wie das befreun-
dete Magdeburg. Halle hat ferner die Kraft
gehabt, hervorragende Männer anzuziehen,
sie zu ehren und ihnen die Atmosphäre von

Zutrauen zu geben, die sie brauchten, um sich zu betätigen. Großartig hat es auch die Natur bedacht: Porphyrfelsen bilden seine Grundlage, die Saale, an deren rechtem Ufer es liegt, ist schiffbar, teilt sich in mehrere Arme und bildet Inseln, die von Nachtigallen bewohnt sind, der Boden enthält Salz und Braunkohle in (fast) unerschöpflicher Menge.

Das Salz tritt unterhalb des Marktes zutage und zog schon in vorgeschichtlicher Zeit Menschen zur Niederlassung an; im 6. Jahrhundert wurde die germanische Bevölkerung durch Slawen verdrängt, die das Land zwischen Saale und Elbe bebauten und

Bornknechte mit einem Solebottich auf dem Weg zur Siedehütte

Neletici nannten. Das Dorf, das in der Nähe der Salzquellen entstand, hieß Dobresol, auf Deutsch Gutsalz. Die Salzarbeiter, die man erst Ende des 17. Jahrhunderts Halloren zu nennen anfing, während man früher Hallknechte sagte, bildeten nicht nur eine kastenartig abgeschlossene Organisation, sondern sie unterschieden sich auch physisch von den übrigen Hallensern, weshalb man angenommen hat, daß sie Kelten oder Slawen wären …

Bei den Halloren selbst gab es eine andere Überlieferung, wonach sie von fränkischen Rittern abstammten, denen Karl Martell oder Karl der Große aus Dankbarkeit für erwiesenen Dienst die Salzquellen geschenkt hätte. In späterer Zeit wären sie herabgekommen und hätten das Eigentum am Salz verloren, nur die Arbeit wäre ihnen geblieben. Karl der Große habe ihnen auch ein Pferd geschenkt, das er in den Kriegen gegen die Sorben geritten habe, ferner habe er ihnen freien Fisch- und Vogelfang gestattet und ihnen ein Rolandsbild für die Gerichtsbarkeit gegeben; denn sie sollten selbst unter sich den Blutbann ausüben. Daher schreibe sich die Sitte, daß jeder Landesherr, wenn er zur Huldigung nach Halle kommt, den Roland umreitet und den Halloren das Pferd schenkt, das er dabei benutzt hat.

Karl der Große (oder sein gleichnamiger Sohn) errichtete als Stützpunkte gegen die Slawen zwei Burgen, eine an der Elbe, da wo jetzt Magdeburg liegt, eine an der Saale bei dem Dorfe Dobresol, die zugleich die wertvollen Salzquellen schützen sollte. Sie lag in der Nähe der jetzigen Moritzburg und wurde Halla genannt, indem man den Namen des Salzwerks darauf übertrug; im Volk hieß sie später das Schwarze Schloß, weil sie von dem Rauch, der aus den Salzkoten aufstieg, geschwärzt wurde. Es gab vier Salzbrunnen: den Deutschen Born, Meseritz, Hackeborn und Gutjahr; der letztere ist erhalten.

Um die Slawen zu christianisieren, gründete Otto der Große an der Elbe das Moritzkloster und beschenkte es mit dem Gau Melitici, wobei der Givicansten (Giebichenstein) und das Salzwerk besonders aufgeführt wurden. Als der Kaiser dann das Erzbistum Magdeburg errichtete, seine Lieblingsstiftung, ging der Besitz des Klosters auf dieses über, und so wurden die Erzbischöfe von Magdeburg die Herren Halles. Mit den Salzquellen belehnten sie die Angesehensten unter den Ansiedlern, die sich inzwischen bei dem alten Dorf Dobresol niedergelassen hatten; es waren größtenteils Niederdeutsche. Wie bei allen Lehen die Tendenz zur Erblichkeit bestand, so vererbten sich auch die Salzlehen in denselben Familien. Die Inhaber der Lehen wurden Pfänner genannt, weil die Salzanteile Pfannen hießen nach den Pfannen, in denen das Salz gesotten wurde. Die Pfänner bereicherten sich außerdem durch Handel und aus Grundbesitz; sie kämpften in den Kriegen gegen die Sorben und später in den Fehden der Erzbischöfe und in denen der Stadt. Diese reiche Aristokratie strebte natürlicherweise danach, immer mehr Macht an sich zu bringen und ihre Stadt dem Einfluß der Erzbischöfe zu entziehen.

Diese regierten die Stadt durch Burggrafen, die, da auch dies Amt erblich wurde, einen bedeutenden Machtfaktor vorstellten. Einer der ersten Burggrafen war der berühmte Wiprecht von Groitzsch ... Die Burggrafen ließen sich in Halle durch Richter vertreten, und zwar, da Halle eine Doppelstadt war, durch zwei, einen im Tale, wo die Salzquellen waren, und einen in der oberen Stadt. Der Talrichter hieß Salzgräfe, der auf dem Berge Schultheiß ...

Wichtige Nachbarschaft waren der Stadt das Schloß Giebichenstein, das Kloster Neuwerk und weiter im Norden die Grafschaft Wettin, die Wiege des Hauses Sachsen, das vorübergehend die Herrschaft über Halle an sich brachte. Das Schloß Giebichenstein, dessen malerische Ruine sich über der Saale erhebt, war ursprünglich Reichsgut und verwahrte öfters hohe Gefangene, so zum Beispiel Herzog Ernst von Schwaben, der im Kampfe gegen seinen Stiefvater, Kaiser Konrad II., fiel und von dessen Freundestreue Volkslieder sangen. Die Erzbischöfe von Magdeburg bauten es aus und wohnten lieber dort als in ihrer stets rebellischen Stadt Magdeburg ...

Im Anfang des 14. Jahrhunderts war Halle eine reiche und mächtige Stadt niederdeutschen Charakters. Vom Jahre 1327 an durfte vor Gericht die slawische Sprache nicht mehr gebraucht werden. Der Schultheiß und der Salzgräfe hatten sich fast unabhängig gemacht. Als Erzbischof Burchard III. die verlorenen Recht wieder einbringen wollte, schloß Halle mit Magdeburg ein ewiges Bündnis, das gegen den mächtigen Kirchenfürsten gerichtet war, und er wurde gefangen und ermordet ...

Die Haller Aristokratie leitete das Gemeinwesen unumschränkt, so allerdings, daß die sechs Zünfte und die Gemeinde bei wichtigen Fragen, namentlich bei Finanzsachen, zur Mitberatung zugezogen wurden. Gericht und Verwaltung jedoch behielt sich der Rat allein vor, der sich aus den Geschlechtern selbst ergänzte. Je mehr Reichtum sich in den Zünften ansammelte, je mehr vielleicht auch die Salzjunker ihre bevorrechtete Stellung für sich ausnützten, desto unruhiger und unzufriedener wurden jene. Eine Schicht, die jahrhundertelang im Besitz sich befunden hat, ist von einem schwächeren inneren Gegner allein kaum zu stürzen; deshalb läßt sich ein solcher so oft dazu hinreißen, sich der Kräfte eines starken äußeren Feindes zu bedienen.

Die Zurückgesetzten kamen auf den Gedanken, sich die vorenthaltene Macht durch Anschluß an den Erzbischof zu verschaffen, die Freiheit der Gleichheit zu opfern. Zuerst wurde ein Teil der Pfänner aus dem Rat ausgestoßen und ihre Plätze durch Zunftmeister und Gemeinheitsmeister besetzt, dann, da sich die Abgesetzten nicht fügen wollten, mehrere verbannt. Nach einem erbitterten Kampfe, in dem die Hallknechte die Pfänner unterstützten, lieferte ein Meister der Schumacherinnung, Jakob Weißack, verräterisch die Stadt an die erzbischöfliche Besatzung des Giebichensteins aus; denn dem Erzbischof kam es auf völlige Unterwerfung der Stadt, den Handwerkern auf völlige Entrechtung der Pfänner an. Sie wurden als Ungehorsame dazu verurteilt, den vierten Teil ihrer Talgüter und den fünften Teil ihres sonstigen Besitzes dem Erzbischof abzutreten; sie durften als solche nicht mehr im Rat vertreten sein. Die Stadt mußte aus der Hanse austreten und durfte keine Bündnisse mehr schließen. Als Zwingburg und künftige Residenz errichtete der Erzbischof Ernst von Sachsen anstelle des alten Karolingerkastells das imposante Gebäude der Moritzburg, wo er im Jahre 1513 starb …

Nach dem Tode Ernsts kam ein Mann auf den erzbischöflichen Stuhl von Magdeburg, der den Anlaß zu Luthers öffentlichem Hervortreten geben sollte, nämlich der Markgraf Albrecht von Hohenzollern, Bruder des streng katholischen Joachim I. Bereits damals machte sich die Eifersucht der Häuser Brandenburg und Sachsen geltend; Albrecht wurde gewählt, damit das mächtig aufstrebende Sachsen nicht allzusehr um sich griffe. Ein Jahr darauf erhielt er auch das Erzbistum Mainz und wurde dadurch Kurfürst und Erzkanzler, Primas von Germanien, schließlich noch Kardinal.

Der so vielfach ausgezeichnete junge Fürst war gebildet und kunstsinnig, eine reich angelegte Natur, aber ohne Größe im Guten wie im Bösen, ohne Überzeugung, ohne Selbstvertrauen. Hauptsächlich kam es ihm darauf an, in dem schwelgerischen Leben, das ihm Bedürfnis war, nicht gestört zu werden ...

In seiner Bauleidenschaft ging Albrecht mit einer Gewalttätigkeit vor, die etwas Großartiges, aber auch etwas Barbarisches hatte. Auf dem Markte standen, wie so oft in mittelalterlichen Städten, zwei Kirchen, nur durch einen schmalen Gang getrennt, hintereinander, die alte Gertrauden- und die jüngere Marienkirche. Er ließ beide abreißen bis auf das Turmpaar, das jede von ihnen hatte, und die Türme durch ein Langhaus zu einer neuen Kirche verbinden. Auf die Dominikanerkirche, die den Vorschriften des Ordens gemäß sehr schlicht war, ließ er einen hohen Kranz von runden Giebeln setzen, die den Unterbau drücken und zu seinem streng gotischen Stil durchaus nicht passen. Gerade dies Bauwerk übt trotzdem durch seine barocke Seltsamkeit und aufgetürmte Masse eine starke Wirkung aus, und auch der Marienkirche hat die eigenartige Entstehung besonderen Reiz verliehen.

Seine Lebensweise und seine Neigungen kosteten sehr viel Geld; die großen Summen, die er von den Fuggern entlehnte, genügten nicht, er mußte sich andere Quellen zu erschließen suchen. Da traf es sich, daß auch Leo X., der Papst, Geld brauchte und deshalb einen Ablaß ausschrieb, dessen Vertrieb in Deutschland er in Albrechts Hände legte mit dem Versprechen der Hälfte der erzielten Einnahme. Albrecht ergriff die Gelegenheit gern. Er stellte Unterkommissare an, die in den verschiedenen Gegenden Deutschlands den Handel zu besorgen hatten; einer von ihnen war der Dominikanermönch Tetzel aus Leipzig, ein beleibter, behäbiger Mann, der schon Übung in dem Geschäft hatte und sich gut auf prahlerisches Anpreisen der Ware verstand.

In Halle wohnte Tetzel in der Moritzburg, für eindrucksvolles Auftreten war gesorgt. Von da ging er nach Zerbst und Jüterbog und erregte die Entrüstung Luthers, dessen Beichtkinder, als er ihnen die Absolution

Erzbischof Albrechts Dom

verweigerte, sich trotzig auf ihre von Tetzel erworbenen Ablaßbriefe beriefen. Auf die Frage des Ablasses aufmerksam geworden und von mehreren Personen gedrängt, schlug er am Abend des 31. Oktober 1517 seine Thesen an die Wittenberger Schloßkirche. In dem Kampfe, der sich nun entspann, trat Albrecht zunächst fürstlich großzügig auf, indem er, um das wissenschaftliche Rüstzeug der Kirche zu stärken, eine Universität in Halle gründete. Die finanzielle Grundlage schuf er ihr durch Einziehung des reichen Moritzklosters, das er aufhob, und in das er die Mönche des Dominikanerklosters einwies. Dies sollte die Universität aufnehmen, die dazugehörige Kirche in eine Stiftskirche verwandelt werden.

Albrecht betrieb den Umbau mit Eifer und stattete seinen Dom verschwenderisch aus mit Teppichen, seidenen Kissen, goldenen und silbernen Gefäßen und Figuren. Als kostbarsten Schatz legte er dort seine Sammlung von Reliquien nieder, die zweiundvierzig ganze Heilige und achttausendneunhundertdreiunddreißig Teile von Heiligen in kunstreicher Fassung enthielt. Darunter befand sich ferner Manna, wovon sich die Juden in der Wüste genährt hatten, Milch der heiligen Jungfrau, Reste der durch Herodes erwürgten Kinder, Wasser, das Christus in Wein verwandelt hatte. Es ist kaum anzunehmen, daß Albrecht an die Authentizität dieser Gegenstände glaubte; aber es war Mode, dergleichen zu sammeln ...

So sehr unterschätzte er den Einfluß der Wittenberger Thesen, daß er es nochmals versuchte, durch Ablaß Geld zu verdienen, der diesmal mit der Ausstellung seiner Reliquien verbunden war. Zählt man zusammen, auf wieviel Zeit durch Besuch und Verehrung des Heiligtums, wie Albrecht seine Sammlung nannte, Ablaß erworben werden konnte, so ergeben sich 39 245 120 Jahre und 220 Tage. Als Luther, damals geächtet und auf der Wartburg verborgen, von dem neuen Handel erfuhr, verfaßte er eine Schrift: „Wider den Abgott zu Halle" ...

Nicht nur die Hallesche Bürgerschaft wandte sich dem neuen Glauben zu, auch die Klöster leerten sich. Sogar der Propst des alten, weitberühmten Klosters Neuwerk, Nikolaus Demuth, der mit Albrecht befreundet war, ging nach Wittenberg und bekannte sich zu Luther.

Man hätte aus Albrechts Zurückhaltung schließen können, er habe für Luther und seine Lehre ein gewisses Verständnis gehabt; aber wenn er auch nicht naiv genug war, um sich als kirchlicher Fürst ganz vorwurfsfrei und an seinem Platze zu fühlen, so lag es ihm doch fern, auf die reformatorischen Gedankengänge ernstlich einzugehen. Anfangs dachte er nicht, daß die von einem Mönch eingeleitete Bewegung gefährlich werden könnte; dann, als alles im Reich von ihr mitgerissen wurde, als habe man nur auf einen Anstoß gewartet, entschloß er sich, strenger vorzugehen. Er entsetzte die evangelischen Ratsherren, und als die nächste Wahl fast nur evangelische traf, bestätigte er sie nicht und verbannte sie mit ihren

Familien. Er verbot die Lutherschen Lieder und drohte denen mit Gefängnis, die zum Besuch evangelischen Gottesdienstes in die Nachbarorte gingen.

Allein angesichts des allgemeinen Abfalls im ganzen Erzstift und im Brandenburgischen verlor er die Luft zu energischem Widerstande. Vollends als die Geldfrage mit der kirchlichen verflochten wurde, erschien der Weg des Nachgebens gangbarer. Im Jahre 1541 erklärten sich die Stände des Erzbistums bereit, Albrechts Schulden zu übernehmen, wobei ein Teil auch die Stadt Halle traf, die durch den katholischen Rat vertreten war. Das benützte die Bürgerschaft, um dem Rat zu erklären, daß sie die erforderliche Summe nur dann bewilligen werde, wenn ihnen ein evangelischer Prediger gewährt würde, wie Magdeburg ihn bereits hatte ... Verärgert und zermürbt verließ Albrecht Halle, wo er hatte leben und sterben wollen, das er mit soviel Lust nach seinem Sinne umgeschaffen hatte.

Seine Rache war, daß er seine Schätze mitnahm: die berüchtigten Reliquien, die silbernen Statuen, eine Menge von Kunstwerken, darunter das Bild von Grünewald, das den Kardinal als heiligen Erasmus im Gespräch mit dem heiligen Mauritius darstellt. Das Einkommen des Stifts wurde mit dem Fiskus vereinigt, die Universität hatte sich ohnehin aufgelöst, noch ehe sie sich recht entfaltet hatte; es war nicht mehr die Rede von ihr, und sie geriet in Vergessenheit ...

Die Bürgerschaft hielt zum Schutze des Evangeliums für gut, sich an Sachsen zu schließen, wozu das Burggrafenamt, das in diesem Hause erblich war, die Anknüpfung gab. Der Umstand aber, daß Sachsen in zwei Linien getrennt war und daß Moritz, der Vertreter der herzoglichen, auf den Kurfürsten Johann Friedrich eifersüchtig war, riß die Stadt Halle in einen verhängnisvollen Kampf hinein. Nachdem Moritz sich mit dem Kaiser gegen seine Glaubensgenossen verbündet hatte, nahm er am 22. November 1546 von ihr Besitz, mit Härte gegen alle Evangelischen vorgehend. Aber schon am 1. Januar des folgenden Jahres vertrieb ihn der Kurfürst Johann Friedrich und umritt nach alter Sitte den Roland auf dem Markt. Dieser Zustand währte so lange, bis Johann Friedrich in der Schlacht bei Mühlberg geschlagen und gefangen wurde ...

Bis zum Dreißigjährigen Kriege sah Halle unter den hohenzollerschen Erzbischöfen noch gute Tage. Die Pfänner waren, wenn auch ohne politische Bedeutung, eine blühende Handelsgesellschaft, die Stadt war durch das Salzwesen im ganzen wohlhabend. Guten Ruf hatte das Gymnasium, auch die Hohe Schule genannt. Die Schüler pflegten Aufführungen zu veranstalten, bei denen einmal hundertdreißig Personen mitwirkten. Im Jahre 1611 soll „Der Jude von Venedig, aus dem Engelländischen" aufgeführt worden sein. Diese Spiele überdauerten sogar den Dreißigjährigen Krieg, so wurde zum Beispiel Katharina von Georgien, ein Trauerspiel von Andreas Gryphius, aufgeführt. Unter Erzbischof Sigismund, der sehr weltlich und lebenslustig war, fand ein großes Schützenfest auf der Pfingstwiese statt, da, wo jetzt die Gasanstalt ist, zu dem der Rat hundertdreiundzwanzig Städte, der Erzbischof viele Fürsten eingeladen hatte. Herzog August von Sachsen tat sich besonders als guter Schütze hervor.

An Augusts Hofe, der (seit 1628 Administrator des Erzbistums) fast immer in Halle residierte, wurde besonders die Musik gepflegt; es wurden Opern, Schauspiele mit Chören, Singspiele mit Balletts und Trauerfreudenspiele aufgeführt. Augusts Leibchirurg war der Vater Händels, dessen Vater, der Kupferschmiedemeister Valentin Händel, sich als erster der Familie in Halle niedergelassen hatte. Georg, des großen Komponisten Vater, verheiratete sich mit einer Hallenserin, Dorothea Taust, und erwarb das Haus zum Gelben Hirsch, nicht weit vom Markt, wo im Jahre 1685 Georg Friedrich geboren wurde, zu einer Zeit, wo Halle schon an Brandenburg übergegangen war ...

Der Wohlstand Halles beruhte damals nicht mehr auf dem Salzwerk, das zum Teil königlich geworden war. Am Ende des 18. Jahrhunderts gab es noch fünfundachtzig Pfännerfamilien und zweiundneunzig Hallorenfamilien, von denen längst nicht alle Beschäftigung beim Salz fanden. Allmählich hatte sich eingebürgert, daß die Hallknechte im Nebenerwerb als Leichenträger bei Begräbnissen angestellt wurden oder Fischfang betrieben, an andere Gewerbe gewöhnten sie sich schwer. Trotzdem die Bedeutung der Salzsiederei geschwunden war, haben sie bis in die neueste Zeit an ihren alten Trachten und Gebräuchen festgehalten.

Von den drei gleichnamigen Salzstädten Halle, Schwäbisch Hall und Hall in Tirol ist nur Halle Großstadt geworden, weil hier der

Boden an Kohle und Kali reich ist. Die Kohle wurde schon Ende des 18. Jahrhunderts ausgebeutet und führte zur Begründung zahlreicher Fabriken und industrieller Unternehmungen. Diese Entwickelung hat der Schönheit des Stadtbildes sehr geschadet. Würde jetzt noch jemand wie Karl V. sich bei Halles Anblick an Florenz erinnert fühlen? Er sah noch seine Mauern und Türme, die imposante Gebäudereihe an der Saale, die Residenz mit den neuen fabelhaften Giebeln neben der kolossalen Moritzburg, die Herrenhäuser am Markt und an den zum Markt führenden Straßen, die malerischen alten Brücken und Mühlen, die wie vieles andere seit 1870 in rascher Folge fallen mußten.

Der Dreißigjährige Krieg vernichtete die Burg Giebichenstein und zerstörte die Moritzburg: im kalten Winter hatte die sächsische Besatzung auf dem Estrich ein Feuer angezündet, das eine Brunst verursachte, die sie vergeblich mit Wein und Bier zu löschen suchten. Die düstere Ruine über der Saale klingt wie ein Urlaut der Natur in das Maschinengerassel der modernen Stadt hinein. Trotz aller Beraubungen und Entstellungen hat sie noch mehr solcher Fremdlinge bewahrt, die das Andenken einer stolzen Vergangenheit erhalten. Um den Domhügel unter alten Bäumen summt noch heilige Stille wie vielleicht in den Zeiten der heidnischen Sorben. Dem Inneren des Doms verleihen die Apostelfiguren mit ihrer Inbrunst und ihren stürmisch zerknitterten Gewändern Größe. Reizvoll ist der Markt mit dem Posaunenkonzert seiner Türme und dem (1945 zerstörten) vielgestaltigen Rathaus. Die Liebfrauenkirche birgt das einzige Kunstwerk, das der Kardinal und Kurfürst Albrecht zurückließ, den Cranachschen Wandelaltar mit dem breitgemalten, strahlenden Himmelsfürsten und ihrer Königin Maria …

Heinz Czechowski

Grünewald geht durch die Stadt

Wenn Herr Neithardt heute noch in Halle lebte

Herr Neithardt geht durch die Stadt. In alten, vertragenen Kleidern. Niemand sieht ihn, denn er ist tot. Dort, wo er herkommt, hat ihn niemand vermutet. Und er weiß selbst nicht genau, ob er dorthin gehört. Doch er ist aufgestanden, hat sich erhoben.

Nun geht er wieder, von keinem erkannt, in Kleidern, die nicht mehr beschreibbar sind: nicht die Farben, vermodert, verblichen; nicht die Art, wie die Ärmel im ledernen Koller eingesetzt sind.

Er geht am Verbandsbüro vorbei, dem Schlößchen am Markt, das einst einem Günstling des Kardinals, dem Hans von Schonitz, gehörte. Aber er macht sich keine Gedanken darüber, ob er verstanden würde, wenn er sich jetzt nach Aschaffenburg oder nach Colmar zurückwünschte. Hat er doch kaum Reisen gemacht, nicht so wie der

Dürer, der aus Venedig schrieb: Hier bin ich Herr, daheim bin ich ein Schmarotzer.

Und er will auch nicht mehr zum Rat, in dessen Dienst er stand, oder zu einem der Mächtigen, die vor der Stadt residieren. Durch den Herbstnebel blinzelt die Sonne. Und Herr Neithardt blinzelt der Sonne entgegen mit seinen von den Jahrhunderten verdunkelten Augen.

Er sieht wie durch Pergament die Nadeln der Türme. Und irgend etwas steigt ihm in die Nase. Ein scharfer Geruch, der vom Fluß kommt. Auch Rauch ist in der Luft.

Hier möchte ich nicht leben, denkt er für einen Moment und vergißt es schnell wieder.

Er sieht wieder die hochmütigen Gesichter der Salzgrafen. Da hat er genug und denkt an die Mädchen der Brunoswarte.

Nun, da er kein Maler mehr ist, sondern Wasserkunstmacher, wimmelts von Malern in dieser Stadt. Die hausen mit Katz und Maus um den Giebichenstein herum, wo die Pferdehändler und Brauknechte ihr Unwesen treiben.

Dort ist es gefährlich. Die Stadtbüttel zechen in tiefen Gewölben mit Rollbrüdern aus dem Meißnischen und Magdeburgischen. Zatzenlieder werden gesungen.

Was nur hat ihn hierher verschlagen? Er muß sich die Antwort auf diese Frage nicht geben. Sie sitzt in ihm. Und keiner sage ihm nach, daß er nicht wußte, was er gewollt.

Auf dem Markt heult und klingelt weißrotes Geratter. Doch er hat das Fürchten verlernt, auch vor dem, wofür er schon lange keinen Namen mehr hat.

In seinen Gedanken geht er den Weg jetzt noch einmal zurück, den er gekommen ist: über den Marktplatz, durch die Bär- und Flutgasse, über den Domplatz. Zurück ins kühle Gewölbe unter dem Kreuzgang, wo es etwas zu eng und etwas zu feucht ist, denn er ruht nicht in den Lüften, Mathis der Maler.

Jetzt kann er auch wieder ordentlich gehn und beim Anblick der Ulrichskirche seiner Freunde gedenken, die hier begraben sein sollen: der Seidensticker Block und der Brunnenschreiber Glaser.

Viel hat er ihnen nicht hinterlassen für ihre Freundschaft: seine Prunkkleider blieben in Frankfurt. Hierher kam er als ein andrer, nicht als ein Höfling, vom Kardinal gezwungen, in gestickter Seide zu gehn.

Unbeteiligt betrachtet er sich auf dem Epitaph, das ihm die Nachwelt gestiftet. Gut, sie haben ihn nicht vergessen, wie einst der Kaiser, der sich nicht erinnern konnte, wer den Altar in den Vogesen gemalt.

Ja, er hat nicht viel ausgerichtet, hier in der Salzstadt. Eine Wasserkunst sollte er machen. Ein Turm bei der Neumühle sollte es sein, das Wasser herbeizuschaffen für ihre Pfannen und Koten.

Was sie ihm nachsagten, ein Gerücht: Geheime Kräfte im Umgang mit dem nassen Element – er will es vergessen. Starb an der Zerteilung seines Wesens, weil er das Malen aufgegeben hatte, um mit der Wasserkunst sein Leben zu Ende zu bringen.

Was aber hätte er als Maler noch besser machen können als den Altar bei den Antonitern? Die Kunst, das weiß er, geht immer nur andere Wege. Was gut gemacht ist, läßt sich nicht wiederholen. Und daß er gut malen gekonnt, weiß er. Aber was war es denn, das den Altar in ihm gemacht hat, als er Christus noch einmal ans Kreuz schlug.

Mit solchen Gedanken kommt er zum Leipziger Tor, wo eine Glocke gerade die Stunde schlägt.

Was gilt ihm die Zeit! Wie bald hat er es aufgegeben, da unten dem steten Rhythmus der Tropfen zu lauschen, die vom Gewölbe fallen, dumpf auf die modrigen Bretter dicht über ihm.

Vor der Ewigkeit scheint sogar die Geschichte zu schweigen. Und vor dem Schmerz auch die Angst. Das hat er am Leibe erfahren und noch mehr in der Seele, auch wenn ihm nicht wie Riemenschneider die Finger gebrochen wurden, damals in Aschaffenburg, als die Sache der Bauern vorbei war.

Die Welt ist ihm jetzt nur noch ein Bild. Und obwohl er auf den Beinen geht, könnte er auch auf dem Kopf gehen oder fliegen. Wer ihm entgegenkommt, geht durch ihn hindurch.

Aber Neithardt geht an den Häuserfronten entlang, sieht einen Laden, hinter dessen Fenstern Bilder ausgestellt sind. Er muß nicht bitten, eingelassen zu werden. Er geht, wie andere, durch die Tür, nur daß ihn niemand bemerkt.

Er sieht Rahmen an den Wänden und das, was die Leinwände bedeckt: Farben wie aus Lehm und Letten gebrannt.

Und obwohl er nicht zu deuten vermag, was er da sieht, versteht er allmählich doch etwas von der Welt, die jetzt dort draußen vor den Fenstern ihr Wesen treibt.

Das, was er sieht, macht ihn freilich nicht froh. Nicht die bleichen Liebenden auf ihrem Bett, die sich voneinander abwenden, verloren zwischen den Wänden in ihrer Einsamkeit, die auch ihm nicht fremd ist.

Und nicht die Häuser auf einem der Bilder, die schon nicht mehr bewohnbar sind mit ihren fensterlosen Wänden und die wie durch Gottes vergebliche Güte dorthin gesetzt sind, wo die Natur dem klotzigen Einerlei gewichen ist, das schon zu zerfallen beginnt und, wenn man es packen könnte, durch die Finger rönne wie Sand.

Er geht an den Wänden entlang von Bild zu Bild. Vieles dünkt ihm eitel und hoffärtig manches. Aber die Lauen, man kann es erkennen, sind ausgespien, schon jetzt.

Hat nicht auch er, als er noch jung war, zu Gericht sitzen müssen über sich, ehe er zu begreifen begann, damals, als er sich selbst konterfeite? Ein nachdenklicher Jüngling am Fenster, einen Federkiel schneidend. Und das Blatt, das er vor sich hingelegt hatte? War es nicht Eva? Vor oder nach dem Sündenfall?

Ah, was macht es! Er weiß es nicht mehr. Nur sein Gesicht kann er jetzt noch vor sich sehen, das gleiche, das er später auf seinem Altar dem Heiligen Sebastian gab.

Er tritt vor die Tür. Wie sich doch in der Zeit, die ihre Langmut nicht kennt, alles wiederholt: Da kommen welche mit klingendem Spiel und rollendem Feldgeschütz. Junge Leute, wie damals, als sein Brotherr, der Kardinal Albrecht, mit hundertfünfzig Reitern, alle in scharlachroten Gewändern, in die Stadt Einzug hielt.

Der große Pfaff und sein Bischofsliebchen! Ließ sich zum Zeichen der Bußfertigkeit mit Röhrlein schlagen, so daß das Volk unehrerbietig ihm zurief: Nit so, schlagt mit Knüppeln drauf!

Damals hat er, Neithardt, gewußt, daß etwas Neues kommen wird. Und auch den Traum gehabt, in dem ihm ein Weib erschien von überirdischer Größe, zerfetzt ihr Gewand, verstört ihr Gesicht. Abschreckend entstellte sie Magerkeit und Schmutz. Da erkannte er, daß Mutter Germania vor ihm stand. Und er erwachte.

Als er durch die Rathausstraße geht, sieht er wieder den Turm, ihren Turm, den Turm ihrer Macht, den Turm ihrer Gewohnheiten, ihres Hochmuts.

Ja, es stimmt, was der Magistrat ihm schneidend vorwarf: Er hat nicht viel ausgerichtet hier. Sein Traum steht nur auf dem Papier.

Mit solchen Gedanken geht Neithardt zwischen den Zeiten, geht, wo er schon einmal gegangen ist. Und sogar ein Fünklein Zukunft leuchtet ihm für einen Moment, sogar jetzt, wo er doch tot ist.

Unten am Markt aber wird er erkannt. Einer, ein Zunftbruder, der das zweite Gesicht haben muß, geht auf ihn zu und legt ihm die Hand auf die Schulter. Weinatem umschwebt Neithardt. Und der, der ihm die Hand auf die Schulter gelegt hat, schreckt nicht zurück vor der Distanz eines halben Jahrtausends, nennt Neithardt Mathis und lädt ihn ein, mit ihm zu kommen.

Später sitzen sie in der Wohnung des Malers. Die Frau räumt das Kaffeegeschirr vom Tisch, und der Zunftbruder setzt Wein auf, türkischen, süß, ohne die herbe Reife der Weine vom Kaiserstuhl, Freund Schongauer könnt es bezeugen.

Dann holt der Maler seine Bilder herbei. Neithardt hat es nicht mehr nötig, höflich zu sein. Die Zeit steht zwischen ihnen wie der Tisch, an dem sie sitzen und der immer breiter wird.

Was Neithardt dann sieht, gleicht dem, was er in der Stadt gesehen und nicht verstanden hat. Auf einem der Bilder gähnt ihm ein Schacht entgegen, der tief unter den Strebepfeilern des Doms in die Erde hineinführt, direkt dort hin, wo sein Grab sein soll, in dem er jetzt liegen müßte, aber nicht liegt.

Der Maler, der Neithardts Gesicht sieht, glaubt erklären zu müssen, was der plötzlich selbst weiß: daß auch er, wie Mathis einst bei den Antonitern, für sein bedrohtes Gefühl ein Gleichnis gesucht hat.

Und der Maler spricht von der Stadt, die, überaltert und schwach, gegen ihr Sterben ankämpft, wie von sich selbst. Und er spricht von der Landschaft, vom Staub und vom Ruß, der die Fassaden der Stadt zerstört. Und auch von den Städten, die um sie wachsen.

Auferstehung und Endzeit. Mathis erinnert sich der Propheten, die predigend durch die Lande gezogen. Und er sieht noch einmal das Bild des Malers, das er fast schon wieder vergessen hat, als ein Zeichen der Zeit, die ihm, Neithardt, so fern ist.

Hat er nicht selbst einst den Brüdern im Kloster ihr „Lerne zu sterben" in seine Sprache übersetzt, indem er den Leib des Herrn in seiner Vergänglichkeit malte, entgegengesetzt den Madonnenbildern der Päpste in ihrer verlogenen Lieblichkeit?

Es ist heute wie damals: Man muß sein Gefühl ins Bild bringen können. Niemand bekommt den Ausdruck geschenkt. Nur ein Punkt darf es sein, in dem sich alles trifft. Das ist die Arbeit.

Und war es nicht immer schon so, daß sich die Zeiten hart aneinander gestoßen? Daß sich ein Widerspruch am anderen rieb, bis der schwächere von beiden zerfiel?

Und plötzlich tanzt auch das Fünkchen Hoffnung wieder vor Neithardt. Oder ist es ein Irrlicht, das ihm den Weg zeigen will, zurück ins Gewölbe zu Moder, Feuchtigkeit und Verfall?

Nein, sein Weg hierbei bis an den Tisch des Malers war keine Auferstehung und kein Triumph über eine Welt, die ihn überlebt hat.

Er sieht noch einmal den gähnenden Schacht, der ihm das Recht streitig machen will, endgültig da unten zu ruhen. Dann geht er.

Die Salzgrafen und Salzwirker, der Kardinal und sein Bischofsliebchen, die Straßen mit ihrem Schmutz und den verfallenden Fassaden, das Gedränge der Lastfuhrwerke und der Menschen in den zu engen Gassen – darüber ist die Zeit hinweggeschritten. Einiges, wenig genug, ist freilich geblieben. Neithardt hat es in seinem Gedächtnis notiert.

Aber es berührt nichts in ihm. Flüchtig nur denkt er: ähnlich wie diese Stadt könnte jetzt Colmar sein – die leeren Flächen am Dom, wo einst die Häuser sich drängten und auf denen jetzt die lackierten Gefährte stehen, die sich selbst bewegen, getrieben von einer Kraft, die er nicht kennt.

Die irdische Schwere ist nicht überwindbar geworden. Wer malen will, muß dem Tod seinen Zoll entrichten. Zorn, Übermut, Melancholie, Maler und Tod. Allegorie?

Und doch hat jede Zeit ihre Wahrheit. Viele Wahrheiten, möglicherweise?

So steigt Neithardt die Stufen zum Domhof empor, in dem die Kastanien ihre Früchte abzuwerfen beginnen, kleine, glänzende braune Kugeln.

Er bückt sich und steckt ein paar in die Taschen seines Gewandes. Neithardt, ein ungerufener Gast, der hier in der Stadt nicht hielt, was er versprach, und ein toter zudem, der den Lebenden nichts hinterlassen hat als ihre Aufgaben und seine Bilder.

Anmerkung: Matthias Grünewald, eigentlich Mathis Neithardt oder Gothardt, geboren um 1460 vermutlich in Würzburg, ist 1528 in Halle im Elend gestorben.   *M. S.*

Franklin Kopitzsch

Die Wiege der deutschen Aufklärung

Als an der Universität Halle die Vernunft erwachte

In diesem Fall waren der Professor und sein Auditorium vor der Universität da. Er kam 1690, zog Zuhörer an, schuf die Grundlagen für eine neue Hochschule, die bereits vier Jahre später eröffnet wurde. Der Professor war Christian Thomasius, Ort des Geschehens war Halle an der Saale. Thomasius war vor der engen lutherischen Orthodoxie und dem von ihr erzwungenen Berufsverbot aus dem kursächsischen Leipzig ins nahe brandenburg-preußische Halle geflohen. In Leipzig hatte der Jurist im Sommersemester 1687 die erste Vorlesung in deutscher Sprache gehalten und ein Jahr später mit der Herausgabe der „Monatsgespräche", der ersten deutschsprachigen wissenschaftlichen Zeitschrift, begonnen.

Thomasius erschien nicht mehr im altgewohnten Talar auf dem Katheder, sondern

*Professor Christian
Thomasius, der
„EpochenMann" des
18. Jahrhunderts*

kleidete sich nach der Mode. Er brachte die
Wissenschaft wieder mit dem Leben zusammen, suchte Theorie und Praxis miteinander zu verbinden, förderte den öffentlichen
Diskurs, übte Kritik – wenn er irrte – auch
gegen sich selbst, kämpfte gegen Pedanterie
und weltfremden Gelehrtendünkel. Mit ihm
hielt der Geist der Aufklärung, des Selbst-
denkens, der Vernunft und der Mündigkeit,
Einzug in deutsche Hörsäle. Er vermittelte
seinen Studenten das Natur- und Völker-
recht, ließ mit Kollegen die Geschichte aus
dem Schatten der Theologie treten und zu
einer Wissenschaft von der und für die Welt
werden. Er kämpfte unerschrocken gegen
Folter, Hexenverfolgung und Aberglauben;

...46...

er führte das Strafrecht auf den langen Weg zur Humanität. Er plädierte für die Trennung von Staat und Kirche, für Toleranz. Mit Recht sah der Göttinger Historiker und Publizist August Ludwig Schlözer im späten 18. Jahrhundert in ihm den „EpochenMann für Deutschlands Aufklärung".

Thomasius' Werk setzte der Philosoph Christian Wolff fort, dem Immanuel Kant 1787 nachrühmte, er sei der „Urheber des Geistes der Gründlichkeit in Deutschland" gewesen. Wolff lehrte die Deutschen systematisches und exaktes Denken. Ihm verdanken wir Fachausdrücke wie Begriff, Vorstellung, Bewußtsein und Wissenschaft. Als er 1721 seine Rektoratsrede über die „Sittenlehre der Sinesier" hielt, in der er am Beispiel Chinas nachwies, daß unabhängig von der christlichen Offenbarung Vernunft und Moral auch bei Heiden und Atheisten vorhanden seien, zogen die Pietisten den Trennungsstrich. Auch Thomasius hatte mit ihnen schon manchen Streit ausgefochten. Nun schwärzten sie Wolff beim Soldatenkönig Friedrich Wilhelm I., der ihnen außerordentlich gewogen war, an. Der Herrscher verwies Wolff 1723 „bei Strafe des Stranges" binnen 24 Stunden aus dem Land. Wolff ging

nach Marburg an der Lahn. 1740 berief ihn
der neue König, Friedrich II., mit allen
Ehren zurück.

Mittlerweile war in Göttingen nach Hallenser Vorbild eine neue Universität entstanden, die sich rasch zum gelehrten Mittelpunkt
der deutschen Aufklärung entwickelte. Neben ihr war Halle auch weiterhin ein wichtiger Hochschulort. Schüler von Thomasius
und Wolff wirkten in ganz Deutschland. In
Hamburg, einem Zentrum der frühen Aufklärung wie der streitbaren lutherischen
Orthodoxie, verfolgten die Geistlichen, die
Aufklärung und Pietismus gleichermaßen
ablehnten, mit Argwohn das Vordringen der
„Thomasianer". 1740 schrieb einer von ihnen, der Senat habe „solche Glieder in seinem Körper, die der Thomasische Geist
besessen und die indifferentistische Pest
infiziret hat".

Schon 1702 rühmte der jüdische Medi-
zinstudent Isak Wallich die Hallenser Stu-
dienbedingungen, gleich seinen christlichen Kommilitonen dürfe er sogar einen
Degen tragen. 1749 wurde Abraham Kisch,
ein Prager Jude, in Halle zum Doktor der
Medizin promoviert. (Ein Nachfahr, der Jurist Guido Kisch, lehrte in der Weimarer

Republik in Halle. In seinen Erinnerungen „Der Lebensweg eines Rechtshistorikers" hat er eindringlich beschrieben, wie sich die Hochschule zunehmend vom Geist der Aufklärung entfernte, wie ihm schon 1923 eine „ganz wie eine richtige Eisenbahnfahrkarte aussehende kleine braune Pappkarte mit dem Aufdruck ‚Freifahrkarte nach Jerusalem, aber nicht zurück' in den Briefkasten geworfen wurde, wie Anpassung und – von ganz wenigen Ausnahmen abgesehen – Mangel an Zivilcourage dazu beitrugen, daß nach über zwei Jahrhunderten die Juden aus dieser Universität vertrieben wurden.)

1754 wurde in Halle Dorothea Christiane Erxleben aus Quedlinburg mit königlicher Genehmigung als erste Frau in Deutschland promoviert. Die Doktorin der Medizin praktizierte bis zu ihrem Tod im Sommer 1762 in ihrer Heimatstadt. Bereits 1742 hatte sie unter ihrem Mädchennamen Leporin in Berlin eine „Gründliche Untersuchung der Ursachen, die das weibliche Geschlecht vom Studieren abhalten" veröffentlicht, eine gelehrte Widerlegung der herrschenden Vorurteile gegen Schulbesuch und Studium von Frauen.

Paul Raabe

August Hermann Franckes „Stadt Gottes"

Seine Stiftungen als „Pflanzgarten" des Lernens und Lehrens

Am 13. Juli 1698 legte August Hermann Francke, Pastor in Glaucha vor Halle und Professor der neugegründeten Universität, den Grundstein für das Gebäude des Waisenhauses für die Versorgung und Unterweisung von Waisen und für die Erziehung von Kindern aus dem In- und Ausland. Hinter dem 1700 fertiggestellten Waisenhaus wurden um einen Innenhof lange und hohe Gebäude errichtet, Gärten und Feldstücke zum Süden hin in kluger Voraussicht dazu erworben, einige Wirtschafts- und Nebengebäude auf diesem Gelände gebaut.

Am 19. September 1698 erteilte der Kurfürst von Brandenburg, der spätere König Friedrich I. in Preußen, dafür ein Privileg, das die Gründungsurkunde der heutigen Franckeschen Stiftungen darstellt. Die Stadt in der Stadt, die der 1663 in Lübeck gebore-

ne Francke als eine „Stadt Gottes" verstand, umfaßte Waisenanstalten, deutsche und lateinische Schulen, das Königliche Pädagogium, Krankenanstalt und Frauenzimmerstift, Bibliothek und Naturalienkammer, Buchhandlung und Buchdruckerei, Apotheke und Medikamentenexpedition, das Backhaus und das Brauhaus, Meiereigebäude und Gärten, Felder und Plantagen. Hinzu kamen Güter vor der Stadt, zeitweise sogar eine Papiermühle. So entstanden im Laufe von fünfzig Jahren – über August Hermann

Franckes Tod 1727 hinaus – die Glauchaer Anstalten, die später nach dem Gründer benannten Franckeschen Stiftungen.

Im Vertrauen auf Gott schuf der fromme Francke aus der Kraft und der Zuversicht seines pietistischen Glaubens dank vieler Spenden und später der Einnahmen aus seinen Wirtschaftsbetrieben ein einzigartiges sozialpädagogisches Lebenswerk, das Vorbild für viele protestantische Einrichtungen und Waisenhäuser wurde. Die lutherische Diakonie hat in Francke ihren Ahnen. Der Weitsicht dieses Mannes, der ein großzügig gedachtes Ensemble vor den Toren Halles anlegte, war es zu verdanken, daß die Franckeschen Stiftungen die Jahrhunderte trotz aller Krisen überstanden haben, wenngleich sie in der DDR-Zeit starken Beeinträchtigungen ausgesetzt waren.

Am 20. September 1946 wurde die bis dahin selbständige und gemeinnützige Einrichtung aufgehoben und in die Martin-Luther-Universität Halle eingegliedert. Nach 250 Jahren hörte sie auf zu existieren, wenngleich sie ihren Namen behielt. Ihre Wiederherstellung verdanken die Franckeschen Stiftungen der friedlichen Revolution in der DDR im Herbst 1989.

Seit dem 1. Januar 1994 sind die Franckeschen Stiftungen wieder Eigentümerin eines großen Teils der zentralen Liegenschaft. Die Unterstützung durch die frühere Kulturabteilung des Bundesinnenministeriums, das Kultusministerium des Landes Sachsen-Anhalt, auch durch die Stadt Halle und die Hilfe der Deutschen Stiftung Denkmalschutz, der Deutschen Bundesstiftung Umwelt, der Volkswagen-Stiftung und weiterer Stifter ermöglichen schon seit 1992 die Sanierung und Restaurierung der historischen Gebäude – trotz aller Schwierigkeiten und Geldnöte, denn die erforderlichen Mittel von 250 Millionen DM für die Instandsetzung der ca. fünfzig Gebäude und Gebäudeteile sind für eine verarmte Stiftung eine kaum zu erfassende Größe.

Dennoch wurde im Blick auf die Zukunft ein umfassendes Nutzungskonzept für die zwanzig pädagogischen und sozialen, wissenschaftlichen und kulturellen Einrichtungen aufgestellt, das allmählich umgesetzt wird in der Erwartung, daß sich diese Institutionen, auch wenn sie meist nicht mehr von den Stiftungen getragen werden, in absehbarer Zeit als Komponente eines idealen Gesamtkonzeptes verstehen werden.

Der Wiederaufbau der Franckeschen Stiftungen wird noch mehr als ein Jahrzehnt dauern … Der viel beschriebene Aufbau Ost ist überall in den neuen Bundesländern zu erleben: In den Franckeschen Stiftungen kann man ihn in diesen Jahren als ein deutsches Wunder bezeichnen.

August Hermann Francke verstand sein Tun als ein „Werk Gottes". Er nannte es die „Fußstapfen des noch lebenden und waltenden, liebreichen und getreuen Gottes", und er versah den Tympanon des ersten und prächtigsten Gebäudes, des Waisenhauses, mit einem blau und golden ausgemalten Spruchband, auf dem zu lesen steht: „Die auf den Herrn harren, kriegen neue Kraft, daß sie auffahren mit Flügeln wie Adler".

So war es folgerichtig, daß die Stiftungen dieses Haus als erste große Baumaßnahme wiederherstellten und daß das Francke-Kabinett an sein sozialpädagogisches und das Cansteinsche Bibelkabinett an sein religionspädagogisches Werk erinnern, daß der Festsaal für Konzerte, Vorträge und größere Veranstaltungen nach dem engsten Mitarbeiter Franckes, Johann Anastasius Freylinghausen, benannt wurde wie die fünf Tagungsräume nach den Ländern, in die

Francke seine Schüler als Theologen, Ärzte, Lehrer und Naturforscher schickte, daß die Jahresausstellungen in der Ausstellungsetage immer wieder auf den Ort und die Menschen, die hier wirkten, Bezug nehmen und daß schließlich die Kunst- und Naturalienkammer im obersten Stockwerk Franckes realpädagogisches Konzept veranschaulicht.

Als die Stiftungen 1992 wiederhergestellt wurden, fanden sie ein Konglomerat unterschiedlicher Einrichtungen auf dem zentralen Gelände vor. Sie zu einer Einheit zusammenzufügen, ist das Ziel der Stiftungsarbeit, die Überkommenes unterstützen und Neues fördern möchte. Vor dem historischen Hintergrund der großen Leistung des Stifters und Gründers wird es darauf ankommen, die Franckeschen Stiftungen wieder zu einem „Pflanzgarten" des Lernens und Lehrens, zu einem Ort sozialer und pädagogischer Kommunikation und zugleich zu einer differenzierten Stätte wissenschaftlichen Arbeitens und kulturellen Lebens zu machen.

So könnte an diesem von der Geschichte geprägten Ort eine ungewöhnliche Stätte des Miteinander von jungen und alten Menschen, von Kindern und Jugendlichen, von

Schülern und Studenten, von Lehrern und Professoren entstehen, für die nicht nur das Ensemble restaurierter Häuser geschaffen, sondern auch ein einladender, durch Grünanlagen, Denkmäler und Bänke, durch Restaurants und Mensa bereicherter Ort entstehen soll, an dem sich die jungen Menschen wohl fühlen, an dem sie in der Verbindung mit christlicher Überlieferung ein Bildungsgut ungeahnter Möglichkeiten erwerben können. Die Franckeschen Stiftungen könnten zu einer einzigartigen kreativen pädagogischen und sozialen Provinz in Deutschland werden.

In diesem Sinne setzen sich die Franckeschen Stiftungen zum Ziel, den Wiederaufbau einer europäischen kulturellen Einrichtung durch die Sanierung ihrer historischen Baudenkmäler zu veranschaulichen, ihre pietistischen Anfänge als Auftrag zur christlichen Erneuerung ihrer Einrichtungen im Rahmen des Möglichen verständlich zu machen, ihre überregionale und europäische historische Bedeutung heute und in Zukunft darzustellen und die historische Rolle in der Erziehung der Jugend als künftige soziale Aufgabe zur Förderung von Kinder- und Jugendeinrichtungen zu vermitteln.

Hugo Puetter

Georg Friedrich Händel
in Englands Ruhmestempel

Kindheit und Jugend eines großen
Hallensers

Als dem angesehenen, dreiundsechzigjähri-
gen Wundarzt und Amtschirurgus Georg
Händel in Halle am 23. Februar 1685 in seinem stattlichen Haus „Am Schlamm" von
seiner zweiten Frau, der dreißig Jahre jün-
geren Pfarrerstochter Dorothea Taust aus Giebichenstein, ein Knabe geboren wird –
knapp vier Wochen vor Johann Sebastian
Bachs Menschwerdung im unfernen Eise-
nach –, da ist der Gedanke schlechterdings
absurd, aus dem Georg Friedrich benannten
Kind könne einst ein Musiker, gar noch ein
weltberühmter, werden. In der solid-bürger-
lichen Familie der Händels hat Musik, ganz
anders als bei der weitverzweigten thüringi-
schen Musikantendynastie der „Bache", zu
keiner Zeit eine Rolle gespielt. Auch die Gie-
bichensteiner Pfarrerstochter ist davon nie
berührt worden.

Der pietistisch-puritanisch nüchternen Kleinbürgerwelt des damaligen Halle gilt die Einlassung mit der Tonkunst zumeist als Privileg und leichtfertiger Luxus der feudalen Schichten. Die Kirchenmusik nimmt man als konventionellen Bestandteil der gottesdienstlichen Erbauung andächtig hin, die Musikübung aber als Lebensberuf betrachtet man mit tiefem Mißtrauen. Demgemäß ist Georg Friedrich Händel ein Leben in wohlgeordneten Bürgerbahnen vorgezeichnet. Der Vater kann es sich leisten, ihm eine akademische Ausbildung zukommen zu lassen. Er soll Jurist werden.

Verweilen wir einen Augenblick bei dem Vater. Er stellt sich in seinen damals schon vorgerückten Jahren nicht gerade gewinnend dar: pedantisch, selbstsüchtig, verschlossen, mürrisch, ganz und gar amusisch. Allerdings muß ihm zugute gehalten werden, daß das Schicksal sein Leben mit schweren Schlägen nicht geschont hat. Was er dem Sohn an Positivem vermacht hat, das ist vor allem die eherne, ja verbohrte Willenskraft bei der Selbstbehauptung in der Umwelt und eine geradezu erstaunliche körperliche Regenerationsfähigkeit, die mit jener eng zusammenhängt.

Es wird von einer schweren Erkrankung vor der zweiten Eheschließung berichtet, die ihn an die Schwelle des Jenseits bringt. Schon des Abendmahles teilhaftig, zwingt er den Tod noch einmal in seine Schranken zurück. Bei Georg Friedrich wird sich ähnliches später wiederholen, als er nach dem Bankrott seiner Londoner Opernpläne, vom Schlagfluß ereilt, in den heißen Bädern von Aachen in einer Parforce-Kur seine Gesundheit erneuert, um hierauf erst die entscheidende Leistung seines Lebens in Angriff zu nehmen: die großen Oratorien.

Dem Bild von Georg Friedrich Händels frühester Jugend in Halle wissen die Biographen nicht viel Farbe zu geben. Vom Erlebnis des musikalischen Tones muß das Kind jedenfalls sehr früh ergriffen worden sein, wahrscheinlich in der Kirche. Der Vater tut, was er kann, die spielhafte Beschäftigung mit Musikinstrumenten zu unterdrücken. Die liebevolle Mutter, verständnislos, bleibt immerhin neutral. So etwas wie ein guter Geist des Knaben scheint eine in der Familie lebende ältere, unverheiratete Schwester der Mutter, die Tante Anna, gewesen zu sein: Sie soll ihm ein Clavichord auf den Dachboden geschmuggelt haben.

Als Schüler des lutherischen Gymnasiums in Halle, wo der Rektor Prätorius eine regsame Musikpflege unter dem programmatischen Gesichtswinkel der Vertiefung religiöser Gefühle betreibt, findet Georg Friedrich immerhin nach und nach den Vater widerwillig bereit, sein Musiktreiben zu tolerieren. Der Chirurgus, der den eigenen sozialen Aufstieg vom einfachen Barbiergesellen einst so zäh durchgesetzt hat, mag zu der Einsicht gekommen sein, bei der Erziehung für einen gehobenen Stand sei der musische Anteil unvermeidlich.

Als Georg Friedrich gegen neun Jahre zählt – übrigens keineswegs ein verträumter Stubenhocker allem Anschein nach, vielmehr ein durchaus normal gesunder, kräftiger Knabe, wie denn auch aus ihm ein ansehnlicher Jüngling und ein kernig-stattlicher Mann geworden ist – ereignet sich Bestimmendes für sein Schicksal. Im benachbarten Weißenfels, der Residenz des jungen, kunstliebenden Herzogs Johann Adolf von Sachsen, wohin er den Vater, den herzoglichen Leibarzt, auf einer Berufsfahrt begleitet, fällt die musikalische Begabung Georg Friedrichs auf. Der Herzog hört sein für das zarte Alter schon verblüffend sicheres Orgelspiel. Seine Autorität weiß den Chirurgus zu bestimmen, daß das Talent des Sohnes planvoll weiter ausgebildet wird.

Als Lehrer in Praxis und Theorie der Tonkunst wird der sehr fähige, dreißigjährige Organist an der Liebfrauenkirche, Friedrich Wilhelm Zachow, gewählt, der auch ein tüchtiger Tonsetzer ist. Drei Jahre bleibt Georg Friedrich Zachows Schüler. Dann hat sich der Frühreife schon das ganze Können seines Meisters angeeignet.

Den Elfjährigen führt eine Reise – wer der Initiator und Begleiter war, ist dunkel geblieben – nach Berlin an den kurfürstlich-brandenburgischen Hof, wo die musikbesessene Kurfürstin Sophie Charlotte, selbst dirigierend, ein eigentümlich überspanntes, buntes künstlerisches Treiben entfesselt hat. Das Wunderkind aus Halle wird hier nur so verhätschelt. Der Kurfürst selber schreibt dem Vater, er wolle den Knaben in Italien weiter ausbilden lassen und in seine Dienste aufnehmen. Der Chirurgus spricht jedoch nun ein Machtwort: Georg Friedrich muß bei der Juristenlaufbahn bleiben.

Der verbittert und müde gewordene Vater stirbt nach der Rückkehr des Sohnes bald. Georg Friedrich respektiert seinen

Georg Friedrich Händels musikalische Begabung wurde im benachbarten Weißenfels entdeckt.

glühendsten Wunsch: Er absolviert das Gymnasium und läßt sich 1702 an der Universität Halle immatrikulieren. Gleichwohl setzt er, in Verbindung mit Zachow, unvermindert intensiv das Komponieren und die Orgelübung fort, auf letzterem Gebiet nun schon eine lokale Größe. Als wegen der Trunksucht und dienstlichen Unzuverlässigkeit des an sich hochbefähigten Organisten Leporin die Organistenstelle am – calvinistischen – Dom vakant wird, trägt man sie kurzerhand dem Studenten Händel an.

Doch nach einem Jahr schon, er ist nun achtzehn, bricht der angestaute Drang zum reinen, freien Künstlertum mit aller Stärke rücksichtslos durch. Händel verläßt die Universität, wirft das Organistenamt hin und begibt sich, der kleinstädtisch-spießigen Hallenser Verhältnisse müde, auf die Wanderschaft „in die Welt". Er wird die Stadt und die geliebte Mutter – die einzige Frau zeitlebens, die in seinem Herzen einen festen Platz gefunden hat – nur als seltener, kurzfristiger Besucher wiedersehen.

…

Anmerkung: Händel geht 1703 nach Hamburg, hält sich von 1706 bis 1710 in Italien auf und wird dann Hofkapellmeister in Hannover, von wo aus er im Herbst 1710 zum ersten Male nach London kommt. 1712 läßt er sich dort endgültig nieder, wird 1727 englischer Staatsbürger und stirbt am 14. April 1759 in London. Die „Hallischen Zeitungen" schreiben wenig später: „Am 14ten dieses ist der weltberühmte Musicus, Herr George Friedrich Händel, mit Tode abgegangen … Er hat seinen Verwandten in Teutschland 20 000 Pfund Sterl. hinterlassen." Sechs Tage später wird „Our Handel", wie man jenseits des Kanals mitunter heute noch gerne sagt, in der Westminster Abbey, der Krönungskirche der britischen Könige und als Begräbnisstätte bedeutender Engländer „Ruh-

mestempel der Nation", beigesetzt. 1750 war er zum letzten Mal in Deutschland – zwanzig Jahre nach dem Tod seiner Mutter in Halle. M. S.

Joseph von Eichendorff

Bei Halle

Da steht eine Burg überm Tale
Und schaut in den Strom hinein,
Das ist die fröhliche Saale,
Das ist der Giebichenstein.

Da hab ich so oft gestanden,
Es blühten Täler und Höhn,
Und seitdem in allen Landen
Sah ich nimmer die Welt so schön!

Durchs Grün da Gesänge schallten,
Von Rossen, zu Lust und Streit,
Schauten viel schlanke Gestalten,
Gleichwie in der Ritterzeit.

Wir waren die fahrenden Ritter,
Eine Burg war noch jedes Haus,
Es schaute durchs Blumengitter
Manch schönes Fräulein heraus.

Das Fräulein ist alt geworden,
Und unter Philistern umher
Zerstreut ist der Ritterorden,
Kennt keiner den andern mehr.

Auf dem verfallenen Schlosse,
Wie der Burggeist, halb im Traum,
Steh ich jetzt ohne Genossen
Und kenne die Gegend kaum.

Und Lieder und Lust und Schmerzen,
Wie liegen sie nun so weit –
O Jugend, wie tut im Herzen
Mir deine Schönheit so leid.

Die Burg Giebichenstein vor ihrem Verfall

Werner Fuld

Die Blaue Blume war ein Eisenhut

*Reichardts Herberge der Romantik
in Giebichenstein*

Die „Blaue Blume" der Romantik war eine
tödliche Giftpflanze. Sie wuchs in Giebichenstein bei Halle, im berühmten Garten des
Komponisten Johann Friedrich Reichardt,
und Novalis sah sie dort, als er im Sommer
1799 seinen Roman „Heinrich von Ofterdin-
gen" konzipierte, in dem sie als Allegorie
einer ganzen Kunstepoche verewigt wurde.
Lange rätselte man, welche Pflanze als
natürliches Vorbild gedient haben könnte,
aber schon Achim von Arnim hatte ihren
Namen genannt, als er von einem Besuch bei
Reichardt an seine spätere Frau Bettina von
Brentano schrieb: „Da wächst eine hohe
blaue Blume, die nennen sie Eisenhütlein …"
Der giftige Eisenhut also (botanisch: Aconi-
tum) war es, der die jungen Poeten inspi-
rierte.

   Die Geschichte der Literatur nennt uns
Namen, Daten und Werke, aber nur selten

Orte. Doch ohne das Erlebnis eines oft mehrere Wochen dauernden Besuchs im geistreichen Hause Reichardts, ohne die nachhaltigen Eindrücke seines großen Gartens über der Saale mit dem weiten Blick ins flache Sachsen wären einige der wichtigsten Werke der Romantik nicht entstanden. Ludwig Tieck schrieb hier 1798 den Roman „Franz Sternbalds Wanderungen", der die Begeisterung für das Vergangene und „Altdeutsche" erst begründete; Achim von Arnim begann in Giebichenstein seine Volksliedersammlung, zu der auch Reichardt mit Zeugnissen aus Halle beigetragen hat. In dessen „Musikalischer Zeitschrift" veröffentlichte Arnim 1805 das erste Manifest für „Des Knaben Wunderhorn".

Alle haben sich in Giebichenstein getroffen: Tieck, Clemens Brentano, Arnim, Novalis, Karl August Varnhagen von Ense, Jean Paul, Friedrich Schleiermacher, und manchmal kam von der nahen Wettiner Burg auch Prinz Louis Ferdinand von Preußen herüber und spielte auf dem Flügel eigene Kompositionen. Die zahlreichen Gäste kamen nicht nur gerne wegen der sieben schönen Töchter Reichardts, sondern vor allem wegen der angenehm zwanglosen Atmosphäre: „die

Herberge der Romantik" wurde Reichardts Haus genannt.

Reichardt war einer der ersten Komponisten Goethescher Lieder, und natürlich besuchte ihn auch der Olympier 1802: „Die Nähe von Giebichenstein lockte zu Besuchen bei dem gastfreien Reichardt". Goethe vergaß hier, daß sein Gastgeber in den „Xenien" von Friedrich Schiller und ihm als Propagandist der Französischen Revolution giftig angegriffen worden war, sondern interessierte sich nur noch für die merkwürdige Landschaft. Der unruhige Porphyr des Geländes muß ihm als adäquater Untergrund eines so betriebsamen Geistes wie Reichardts erschienen sein.

Der frühere Kapellmeister Friedrichs des Großen galt als radikaler Demokrat und mußte wegen seines Buches gegen Napoleon (1804) aus seinem Haus fliehen, als die französischen Truppen 1806 sein Anwesen verwüsteten. Der Besitz des ruinierten Reichardt ging nach seinem Tod 1814 für 8000 Taler an einen Nachbarn, 1902 wurde er Eigentum der Stadt Halle. Nur das Grabmal Reichardts auf dem benachbarten Friedhof erinnert noch an die große Zeit der Romantik.

Heinrich Heine

Zu Halle auf dem Markt

Aus dem „Buch der Lieder"

Zu Halle auf dem Markt,
Da stehn zwei große Löwen.
Ei, du hallischer Löwentrotz,
Wie hat man dich gezähmet!

Zu Halle auf dem Markt,
Da steht ein großer Riese.
Er hat ein Schwert und regt sich nicht,
Er ist vor Schreck versteinert.

Zu Halle auf dem Markt,
Da steht eine große Kirche.
Die Burschenschaft und die Landsmann-
schaft,
Die haben dort Platz
zum Beten.

*Die Markt-Löwen
flankieren heute
den Eingang zum
Haupt-
gebäude der
Universität.*

Klaus Keßler

Ein Lotterieeinnehmer war früher der Reichste

Millionäre im alten Halle und in der preußischen Provinz Sachsen

Früher profitierten sowohl die Leipziger als auch die Schlesier von den Hallensern. So haben die Nachkommen des im 19. Jahrhunderts reichsten Mannes der Stadt, des Großindustriellen Carl Adolph Riebeck, ihr ererbtes Vermögen und das daraus fließende Einkommen anderswo versteuert: Riebecks Tochter Marie, verheiratet mit dem Leipziger Geologie-Professor Credner, wurde in Sachsen veranlagt, ihre Schwester Johanna, die Ehefrau des preußischen Generals von Schäffer-Boyadel, in den heutigen polnischen Westgebieten, die damals Ostdeutschland hießen.

Der Vater dieser Schwestern war Gründer der A. Riebeckschen Montanwerke AG in Halle, in denen erstmals Braunkohle in Briketts geformt wurde und wo aus ihr Mineralöl und Paraffin gewonnen worden sind.

Reihenfolge und Adressen der Millionäre in der Provinz Sachsen.

	Millionen Mark Vermögen	Einkommen
Ökonomierat Fritz von Dippe, Mitinhaber der Firma Gebr. Dippe, in Quedlinburg, Neuerweg 22, Reg.-Bez. Magdeburg	31–32	1,9
Christian-Ernst Hermann Fürst zu Stolberg-Wernigerode, auf Schloß Wernigerode, Reg.-Bez. Magdeburg	29–30	0,64
Frau Anna verehl. Esche, geb. Dippe, Mitinhaberin der Firma Gebr. Dippe, in Quedlinburg, Neuerweg 20, Reg.-Bez. Magdeburg	25–26	1,6
Freifrau Reg.-Ass. Tilo v. Wilmowski, geb. Barbara Krupp, Merseburg, sowie Mariental, Kr. Eckartsberga, Reg.-Bez. Merseburg	22–23	0,8
Jost Christian Fürst zu Stolberg-Roßla (rund 191 000 M G.-R.) zu Roßla, Kr. Sangerhausen, Reg.-Bez. Merseburg	18–19	0,62
Geh. Kommerzienrat Zuckschwerdt, Magdeburg, Spiegelbrücke 14/15	15–16	1,1
Geh. Kommerzienrat Dr. Heinr. Lehmann, Bankier i. Fa. H. F. Lehmann, Halle a. S., Burgstraße 46	14–15	1,1

Außerdem gehörte ihm die Leipziger Brauerei Riebeck & Co. AG zu Reudnitz. 1911 ist das Vermögen seiner Töchter auf mindestens 34 Millionen Mark geschätzt worden – eine Summe, die, auf Goldbasis in heutige Währung umgerechnet, beinahe 700 Millionen Mark ergeben würde.

Carl Adolph Riebeck ist schon 1883 gestorben. Sieben Jahre später starb der königlich preußische Ökonomierat Gustav Adolph Dippe, der zwar außerhalb seiner Heimat wohl nur seinen Berufskollegen ein Begriff war, aber in Quedlinburg den Grundstein zu einem im wahrsten Sinne des Wortes „blühenden Unternehmen" gelegt hatte.

Als der frühere Berliner Regierungsrat Rudolf Martin 1913 sein „Jahrbuch des Vermögens und Einkommens der Millionäre in Sachsen (Provinz)" vorlegte, rieben sich die oberen Zehntausend in Deutschland verwundert die Augen. Denn als reichste Person erschien dort weder der weithin bekannte Fürst zu Stolberg-Wernigerode noch die Freifrau Barbara von Wilmowski in Merseburg, eine Schwester von Bertha Krupp, auch keiner der großen Maschinen- oder Zuckerfabrikanten, sondern zur allgemeinen Überraschung ein Handelsgärtner und Samenzüchter – Gustav Adolph Dippes Sohn Fritz, der zwölf Jahre zuvor wie sein älterer, inzwischen verstorbener Bruder geadelt worden war.

Wer sich von seiner Überraschung bei der Lektüre der Martin-Schrift erholt hatte und die provinzsächsische Millionärsliste weiter studierte, entdeckte auf dem zweiten Platz zwar erwartungsgemäß den Fürsten Stolberg-Wernigerode, aber unmittelbar danach Anna Esche, die Schwester Fritz von Dippes und Mitinhaberin der Handelsgärtnerei Gebr. Dippe in Quedlinburg. Erst auf Platz vier rangierte die Freifrau von Wilmowski, deren Schwester seinerzeit nicht nur als reichste Frau Deutschlands galt, sondern der als Einzelperson mit dem Krupp-Konzern in Essen wohl auch das größte deutsche Vermögen ihrer Zeit überhaupt – 187 Millionen Mark! – gehörte.

Noch heute ist es schwer, den Aufstieg der Familie Dippe nachzuvollziehen, glaubt man doch, das ganz große Geld sei vor dem Ersten Weltkrieg nur im Bankgeschäft, in der Schwerindustrie, im Bergbau und mit Grundstücksspekulationen verdient worden. Gustav Adolph Dippe, der die Leitung der väterlichen Gärtnerei schon als Minderjähriger übernommen hatte, muß eine sowohl botanisch als auch kommerziell geniale Begabung gewesen sein, denn es gelang ihm in wenigen Jahrzehnten, aus der ererbten Firma einen der größten Saatzuchtbetriebe der Erde mit 2000 Beschäftigten zu machen. Er verbesserte viele Gemüse- und Blumensorten, züchtete viele neue und erwarb sich laut Rudolf Martin „besondere Verdienste um die Kultur der Zuckerrübe."

Mit 76 Millionen Mark war das Vermögen der Dippes trotz Stiftungen für gemeinnützige Zwecke in der „guten alten Zeit" dreimal höher als das des Königs Friedrich August III. von Sachsen und hätte selbst dann das Gesamtvermögen des fürstlichen Hauses Stolberg um fünfzehn Millionen übertroffen, wäre dieses nicht in die Linien Stolberg-Wernigerode, Stolberg-Roßla und Stolberg-Stolberg aufgesplittert gewesen. Die steinreiche Quedlinburger Gärtnersippe dagegen war nicht nur eng miteinander verwandt, sondern betrieb bis in die Zeit nach 1945 zusammen ein Familienunternehmen.

Wofür die Stolbergs Jahrhunderte und gewiß nicht immer friedliche Mittel gebraucht hatten, war den Dippes in zwei Generationen allein aufgrund ihrer Kreativität gelungen: mit einem Familienvermögen von 76 Millionen Goldmark in die hauchdünne Schicht der deutschen Multimillionäre vorzustoßen. Selbst unter den gegenwärtigen Verhältnissen wäre diese Kapitalakkumulation in jedem marktwirtschaftlichen System imposant.

Natürlich sind Martins Angaben – wie alle solche Berechnungen – mit Vorsicht zu genießen, denn sie stammen weder von den

Millionären selbst noch wurden sie amtlich bestätigt. Aber im Gegensatz zu demokratischen Staaten wie der Weimarer und der Bonner oder der neuen Berliner Republik waren die privaten Vermögens- und Einkommensverhältnisse im autoritären Kaiserreich einigermaßen transparent, wie das nach wie vor in der Schweiz und in Schweden der Fall ist. So konnte sich Martin auf offizielle Statistiken stützen, die durchaus Rückschlüsse auf Privatpersonen zuließen. Nach 1918 wurden dann solche Angaben als strenges Geheimnis gehütet, weshalb sich die Vermögens- und Einkommensentwicklung in den zwanziger und dreißiger Jahren nicht mehr systematisch weiterverfolgen läßt, obwohl sie sich durch die Kriegsverluste, die Inflation und die Weltwirtschaftskrise zum Teil drastisch veränderte.

Diese Entwicklung hat vor allem das Bank-, Industrie- und Handelskapital hart getroffen, während der Grundbesitz davon dann relativ unberührt blieb, wenn seine Liquidität gesichert war. Insofern darf nicht bloß die Größe, sondern muß auch die Stabilität der Vermögen in Rechnung gestellt werden, und in dieser Hinsicht schnitten bei ungeschmälerter Zahlungsfähigkeit vor allem die wenigen Standesherren des preußischen Sachsen gar nicht so schlecht ab.

Der Präsident ihres gesamtdeutschen Vereins, jener Christian-Ernst Fürst zu Stolberg-Wernigerode, besaß 1911 zehn Domänen mit mehr als 14 000 Hektar und war damit der zweitgrößte Grundbesitzer der Provinz. Seine Vettern, die Fürsten Jost Christian zu Stolberg-Roßla und Wolff-Heinrich zu Stolberg-Stolberg, nannten 9200 und 8800 Hektar Wald und Feld am Harz ihr eigen.

Etwas kleiner war der provinzsächsische Grundbesitz des Herzogs Friedrich II. von Anhalt im Mansfelder Seekreis; ihm gehörten darüber hinaus aber viele Rittergüter in der Mark Brandenburg, der Provinz Posen und natürlich in seinem eigenen Staat, wo der „Alte Dessauer" schon im 18. Jahrhundert dem Adel den meisten Boden abgenommen hatte, so daß seine Nachkommen angeblich insgesamt über mehr als 70 000 Hektar Land verfügten.

Der größte Grundbesitzer der Provinz Sachsen war kein Standesherr, sondern der dreifache Millionär Hans Freiherr von Bodenhausen genannt Degener, der im Mansfelder Gebirgskreis und im Landkreis Weißenfels über 18 000 Hektar bewirtschaftete. Selbstverständlich gab die Güte des jeweiligen Bodens und nicht die schiere Größe den Ausschlag für den Wert. Das traf und trifft bekanntlich vor allem auf die Magdeburger Börde und die Goldene Aue zu; in diesen fruchtbaren Gebieten lassen sich seit jeher die höchsten deutschen Ernteergebnisse erzielen.

Was sich dabei herausschlagen läßt, wenn auch noch tüchtige Landwirte ohne allzu viele soziale Skrupel am Werk sind, hat die Familie Zimmermann bewiesen. Leopold Zimmermann und sein Bruder Max konnten ein Gut nach dem anderen aufkaufen, so daß sie am Ende mit ca. 6400 Hektar nach den Fürsten Stolberg die größten Grundbesitzer im Regierungsbezirk Merseburg und mit einem Gesamtvermögen von 36 Millionen Mark die drittreichste Familie der Provinz geworden waren. Die Zimmermanns sind wie die Dippes geadelt worden, um die Unterschiede zwischen politischer und wirtschaftlicher Macht in Deutschland zu verschleiern.

Bürgerlich ist die Familie Schaeper geblieben, die ebenfalls großen Grundbesitz erworben, das Geld dazu aber nicht ausschließlich in der Landwirtschaft verdient hatte. Ihre Mitglieder lebten in und bei Wanzleben, kamen aus der Zuckerindustrie und besaßen fast 2900 Hektar Land, auf dem zum größten Teil Rüben für ihre Fabriken angebaut wurden. Mit einem Gesamtvermögen von 20 Millionen Mark galt die Familie als siebtreichste der Provinz.

Der Maschinenfabrikant Rudolf Wolf in Magdeburg hinterließ seiner Witwe und seinen fünf Kindern bei seinem Tode 1910 ein vor allem für seine Landmaschinen in aller Welt bekanntes Unternehmen im Vorort Buckau und damit mehr als 25 Millionen Mark, also das viertgrößte Familienvermögen des preußischen Sachsens. Die Maschinenfabrik Buckau – R. Wolf AG (nach 1945 VEB Karl Liebknecht) beschäftigte seinerzeit 3200 Mitarbeiter.

Die andere bedeutende Firma in Magdeburg-Buckau, die 1855 als Schiffswerft und Eisengießerei gegründeten Grusonwerke, war 1893 vom Krupp-Konzern übernommen worden (nach 1945 VEB Schwermaschinenbau Ernst Thälmann) und hatte 1910 4000 Beschäftigte. Der Sohn des Firmengründers, der „Privatier" Hermann Gruson, lebte als siebenfacher Millionär in der Elbstadt.

Bei seinem Tode war Rudolf Wolf der reichste Magdeburger, danach wurde es Wilhelm Zuckschwerdt, der Seniorchef des besonders im Zuckergeschäft tätigen Bankhauses Zuckschwerdt & Beuchel, das aus Zichorie- und Zuckerfabriken hervorgegangen war und früher auch Zucker exportiert hatte. Zusammen mit seinem Sohn Hermann schätzte man ihn auf 21 Millionen Mark, was die Familie als sechstreichste der Provinz auswies.

Nur um drei Millionen „ärmer" war die Familie des reichsten Hallensers vor dem Ersten Weltkrieg, Johannes Lehmann, ebenfalls eines Bankiers mit den für das Land an Elbe und Saale typischen Zuckerinteressen. Sie sind bei ihm zugunsten von Braunkohle und Kali jedoch weniger ausgeprägt gewesen als bei seinem Magdeburger Kollegen. Lehmann, der auch königlich preußischer Lotterieeinnehmer war, viele kulturelle Institutionen wie das Goethe-Theater in Bad Lauchstädt förderte und dessen Bankhaus zeitweise auch das Händel-Haus gehörte, rangierte mit seinen beiden Söhnen auf dem achten Platz der Skala provinzsächsischer Familienvermögen.

Curt Goetz

Abschiedsfeier in der Dölauer Heide

Der erste Schritt ins praktische Leben kam teuer

Ostern 1906 bestand Peterhans von Binningen – er hieß natürlich anders, kein Mensch heißt Peterhans von Binningen –, bestand Peterhans von Binningen zu seiner und seiner Freunde Überraschung das Einjährige-Freiwilligen-Examen am Stadtgymnasium zu Halle an der Saale.

Halle an der Saale war eine reizende Stadt. Doch!

Es soll zugegeben werden, daß kein Mensch, der die Große Ulrichstraße passierte, sich darauf versteift hätte, nun auch die Kleine kennenzulernen; und in der Geiststraße mußte auch ein mit Heuschnupfen Bewaffneter feststellen, daß hier infolge der zahlreichen beiden Delikatessengeschäfte der Käse nicht nur über den Geist triumphierte, sondern auch über die Braunkohle, die sonst allenthalben ihre führende Rolle behauptete in jenem charakteristischen Dreigestank von Kohle, Käse und essigsaurer Tonerde, der wie eine Glocke über der Stadt hing und in der für die Bürger zum Einatmen bestimmten Luft lag – einer Luft, die auch durch die Wiederausatmung seitens der Hallenser nicht besser wurde.

Dennoch und um so bemerkenswerter ist es, behauptet der Chronist, daß obige muffige, saure Atmosphäre, von Generationen inhaliert, verarbeitet und wieder abgegeben, auf das Kultur- und Geistesleben der Hallenser fast ohne Einfluß blieb. Denn Halle war eine kunstsinnige Stadt, und viele große Musiker hat sie in ihren Mauern verborgen gehalten.

Auch die Studenten liebten diese Stadt. Nicht so sehr wegen ihrer Universität als um ihrer Mädchen willen, die sich wiederum nicht so sehr durch besondere Schönheit auszeichneten als durch eine entwaffnende Natürlichkeit, mit der sie sich gaben, wie sie waren, und so oft man es von ihnen verlangte. Der Erfinder des Ausspruchs:

In Halle tummeln sich die Jungfrauen
wie die Walfische in der Saale

war natürlich ein elender Zyniker, wenn auch anerkannt werden muß, daß er ein aus-

Karl Friedrich Schinkel: Die Moritzburg im 19. Jahrhundert

gezeichneter Kenner der faunischen Verhältnisse der Saale und ihrer Nebenflüsse gewesen sein muß; denn diese Gewässer führen wirklich keine Walfische.

Anstelle der fehlenden Walfische umspült die Saale im Tale romantische Inselchen. Zum Beispiel die Rabeninsel. Sie wird ihrer traulichen Abgeschiedenheit wegen von den Liebenden sehr gesucht und bald darauf ihrer Mücken wegen von eben diesen Liebenden verflucht. Dabei sollte man froh sein, daß es nur Mücken sind und nicht Raben, die sich bei der Auswahl ihrer Angriffsobjekte so wahllos gebärden.

Und dann die Burgen! An der Saale die Burgen! Wer kennt sie nicht: die Moritzburg und die Ruine Giebichenstein! Welch trutzige Festen! Erst kürzlich übertrotzten sie das Tausendjährige Reich, ohne sich umtaufen zu lassen ...

Neben der Saale gibt es noch die Gerbersaale. Sie fließt mitten durch Halle, ist etwas gelber als ihre große Schwester. In ihrem Gefälle wurden Wellenbäder für die Hallenser errichtet. Manche führen aber auch die trübe Färbung auf die Gerber zurück, die dort ihr Handwerk treiben.

Wenn wir noch des Galgenberges Erwähnung getan haben, wo in alten Zeiten die Hallenser gehenkt wurden, so bleibt nur noch übrig, die Hallische Zwiebelleberwurst hervorzuheben. Und die Hallische Knackwurst. Auch die sogenannte Schlackwurst. Und in diesem Zusammenhang die Halloren. Halloren sind Hallenser, die die toten Hallenser beerdigen. Sie haben das Privileg, dem jeweiligen Landeshaupt zum Neujahrstage eine Riesenschlackwurst und etwas Salz überbringen zu dürfen, wofür sie eine neue Fahne und ein Pferd erhalten. Daß sie aus dem Pferd die nächstjährige Schlackwurst machen, ist nicht verbürgt ...

Was das eingangs erwähnte Examen anbelangte, so ist es nicht unwahrscheinlich, daß die von Peterhans flüchtig erwähnte Absicht, mit dem Einjährigen-Zeugnis die Schule zu verlassen, wesentlich zu der reibungslosen Erteilung dieses Zeugnisses beigetragen hat. Wenn das Lehrerkollegium in einem Punkte übereinstimmte, so in dem, daß es gut sei, Peterhans von Binningen loszuwerden ...

Die Abschiedsfeier fand im Heidekrug statt. Der Heidekrug ist, wie schon der Name besagt, ein Krug in der Heide, und zwar in der Dölauer Heide, die eine Stunde von Halle entfernt liegt, was ihr niemand verdenken kann ...

Peterhans beschloß, zu Fuß nach Halle zu gehen. Als der Kremser mit den grölenden Mitschülern ihn überholte, schlug er sich in die Büsche. Er wollte allein sein. Mit der Heide, mit dem Morgengrauen und mit sich. Er dachte an sein junges Leben und an seine Zukunft, die in diesem Augenblick begonnen hatte.

Die Sonne wiederholte ihren täglich vergeblichen Versuch, über Halle aufzugehen. Es kam nur zu einer diffusen Beleuchtung über Nietleben, wo die Irrenanstalt lag.

Der Spaziergang in dieser Nacht war sehr wohltuend für unseren Helden, bei dem sich der reichlich genossene Alkohol in geradezu lächerlicher Weise bemerkbar machte. Trotz der Windstille verneigten sich die Tannen tief vor ihm …

Dann wurde ihm plötzlich besser. Das Schwindelgefühl hörte auf. Nur müde war er – verdammt müde. Und er war froh, als die spärlichen Lichter von Cröllwitz auftauchten.

An der Cröllwitzer Brücke stand eine junge Dame, deren rotgeschminkte Lippen die mangelhafte Cröllwitzer Straßenbeleuchtung angenehm unterstützten. Sie warfen ein fahles Licht auf ihre nächste Umgebung, auf einen außerordentlich sinnlichen Mund, ein sehr bleiches Gesicht und stark umschattete, langbewimperte Augen.

„Du gehörst ins Bett", begann sie die Konversation, „und zwar in meins."

Peterhans mußte an den vielgeprüften Odysseus denken, an die Sirenen, an Onkel Fritz und die kleinen Mädchen und die Seife und an all die Versuchungen, die, im Universum verstreut, seit Erschaffung der Welt darauf lauerten, Peterhans die Karriere zu zerstören.

„Ich wäre Ihnen dankbar, wenn Sie mir sagen könnten, wo ich hier eine Droschke finde."

Lieber als in eine Droschke, meinte die junge Dame, möchte sie ihn ins Bett bringen.

Das ist zweifellos sehr liebenswürdig, aber er könne das schon alleine …

Peterhans war baff. Oder paff. Seltsamerweise sah er in diesem Augenblick dieses Wort geschrieben vor sich und überlegte, welche Schreibweise wohl einen größeren Grad von Baffheit oder Paffheit veranschaulichen würde. Und während er noch meditierte, ob er sich freuen sollte, daß er einen Sieg über sich selber davongetragen habe, oder ob er besser darüber wütend wäre, sah er zum Glück am anderen Ende der Cröllwitzer Brücke eine Droschke stehen.

Der Schimmel, der vor dieser Droschke schlief, hatte kokett den einen Hinterhuf auf die Spitze gestellt. Die Vorderbeine standen steif wie bei einem Holzpferd. Die Lippe hing melancholisch herunter. So schlief er.

„Was verlangen Sie für eine Fahrt nach Halle?“

„Zehn Mark.“

Peterhans lachte so schauerlich durch die Nacht, daß der Schimmel, der gerade vom verlorenen Paradies träumte, sich vor Schreck auf seinen Schwanz setzte. Und beim Versuch, hinten schnell wieder hochzukommen, wäre er beinahe vorn zusammengebrochen.

Peterhans ermangelte nicht, dem Kutscher klarzumachen, daß es unchristlich sei, die Notlage eines Mitmenschen auszunutzen. Eine Fahrt nach Halle sei mit fünf Mark reichlich bezahlt. Aber der Kutscher blieb fest. Es sei Nachttaxe. Schließlich stieg Peterhans ein. Aber der Kutscher hatte nun einen Feind im Wagen.

„Hüh, Gretchen!"

Kein vernünftiger Mensch wird von jemand, der soeben aus tiefem Schlaf geweckt wurde, verlangen, daß er sofort auf der Höhe seiner Leistungsfähigkeit sei. Auch von einem Schimmel nicht. Noch dazu wenn dieser Schimmel eine Dame ist. Aber in Gretchen schienen Störungen ganz besonderer Natur ausgelöst worden zu sein. Nicht nur, daß sie nicht vorwärts ging. Nein, sie ging rückwärts. Sooft sie der Kutscher durch Zuruf, Zügel oder Peitsche animieren wollte, sich in Bewegung – selbstverständlich in vorwärtige Bewegung – zu setzen, tänzelte Gretchen nervös und graziös ein paar Schritte rückwärts.

Peterhans lehnte sich gemütlich aus dem Fenster.

„Lassen Se die nur ersch't warm wern", sagte der Kutscher, ehe Peterhans eine freche Bemerkung machen konnte.

„Hüh, Gretchen!"

Aber Gretchen ging rückwärts.

„Zieh, Gretchen!"

Gretchen zog. Aber nach rückwärts.

„Wie wär's", meinte Peterhans, „wenn Sie Gretchen mit dem Schwanz nach vorne spannten?"

Da zog der Kutscher fuchsteufelswild Gretchen ein paar über den Hintern, daß sie abging wie ein Telegramm und Peterhans wie ein abgeschossener Truthahn in den Fond des Wagens wuchtete. Und ehe er dort sein Gleichgewicht wiedergefunden hatte, prellte der Wagen seitlich gegen eine Bordschwelle, und Peterhans grub seine Nase in die Vorderpolster, die so rochen, wie auf der ganzen Welt nur die Polster in hallischen Droschken riechen. Jetz is se warm, war alles, was Peterhans denken konnte.

Gretchen war durchgegangen. Aber nach etwa dreißig Metern hatte sie ihre Nerven wieder in der Gewalt und zog im leichten Schuckeltrab dahin.

Es ist eine Unverschämtheit, dachte Peterhans, während er versuchte sein Nasenbluten zu stillen. So etwas vor einen Wagen zu spannen und Leute damit gegen Geld spazierenzufahren! …

Und sehr bald stand sein Entschluß fest.

Es gab zwei Arten hallischer Droschken. Solche, deren Türen man von innen festhalten mußte, damit sie nicht aufgingen. Und solche, deren Türen, wenn sie einmal zufielen, zu waren. Und überhaupt nicht wieder aufgingen. Es sei denn mit Gewalt durch einen Fußtritt. Und Peterhans grübelte über dem Problem, wie man eine Tür geräuschlos auftreten könne.

Als er sich nicht mehr weit von seiner Wohnung entfernt wähnte, setzte er vorsichtig einen Fuß gegen die zu öffnende Tür und stemmte die Schulter an die gegenüberliegende. Und mählich, allmählich verstärkte er den Druck. Und die Tür gab nach. Mit einem Klack sprang sie auf, und Peterhans stürzte rücklings in den Straßenkot. Denn leider war es die verkehrte Tür gewesen, die nachgegeben hatte. – Aber die Hauptsache war, daß der Kutscher weiterfuhr, ohne etwas gemerkt zu haben.

„Haha", lachte Peterhans hinter ihm her. Natürlich ganz leise.

Die Zechprellerei war mit dem verdorbenen Anzug ein bißchen hoch bezahlt, aber darum handelte es sich hier nicht. Hier handelte es sich darum, einem hallischen Droschkenkutscher zu beweisen, daß man Peterhans nicht ungestraft betrügen durfte. Darum handelte es sich.

Während er versuchte, Pferdeäpfelreste aus seinen Knopflöchern zu entfernen, lugte er aus, um sich zu orientieren, wo er sich befände. Obgleich die hallischen Straßenschilder so angebracht waren, daß man sie bei Tage kaum und bei Nacht bestimmt nicht lesen konnte, mußte sich Peterhans bald überzeugen, daß er viel zu früh „ausgestiegen" war und sich in einem völlig fremden Viertel befand. Da nahte eine zweite Droschke.

Diesmal mit einem Rappen.

„Was verlangen Sie für eine Fahrt zur Krukenbergstraße?"

„Fünf Mark."

Das war natürlich wieder eine Frechheit! Jetzt, wo man schon so nahe am Ziel sein mußte. Und Peterhans versuchte wieder zu handeln. Vergeblich. Schließlich versöhnte ihn der Gedanke, daß er zehn Mark gespart habe und die ganze Fahrt mit fünf Mark nicht zu hoch bezahlt sei, und so stieg er ein.

Aber es wurmte ihn doch. Und als das Volkmannsdenkmal in der Magdeburger Straße in Sicht kam und jeder Irrtum ausgeschlossen war, da überlegte Peterhans, warum ihm das, was ihm einmal geglückt war, nicht auch ein zweites Mal gelingen sollte. Zumal er diesmal eine Droschke von jener ersten Sorte erwischt hatte, deren Türen man festhalten mußte, damit sie nicht aufgingen. Diesmal war es ein Kinderspiel. Peterhans war nicht einmal hingefallen …

Spät am Morgen erwachte er. Mit einem Schädel zum Quadrat erhoben. Nur langsam kamen die Geschehnisse der letzten Nacht in sein schmerzendes Hirn zurück. Er sah seinen Anzug mit dem Pferdemist fein säuberlich über den Bügel gelegt. Er hängte sonst nie seinen Anzug auf. Und er sah sein offenes Portemonnaie auf der Erde liegen.

Da durchzuckte ihn ein Gedanke so abscheulicher Natur, daß er ihn wahrscheinlich gelähmt, wenn er ihn nicht in hohem Bogen aus dem Bette geschleudert hätte.

Er stürzte auf das Portemonnaie zu. Und zählte. Und richtig: Es fehlten fünfzehn Mark. Er hatte in der Besoffenheit den Kutscher immer vorher bezahlt. Das war Peterhans' erster Schritt ins praktische Leben.

Joachim Ringelnatz

Halle an der Saale

Ich liebe von den Professoren
Nur jene würdevollen, seriösen Herrn.
Die andern scheinen mir zu frei geboren
Und haben sicher einen bösen Kern.

Mit den Studenten läßt sich leicht
   verkehren.
Sie sind in Halle so wie anderswo.
Und ihre Jugend mag ich nicht entbehren,
Wenn die entgleist, gibt's ein Signal „Oho!"

Der Durchschnittsbürger ist ein durchaus
   satter.
Der Stadtrat ist mir nicht bekannt.
Die Straßenbahn ist eine Ringelnatter.
Schließlich wird jede Stadt interessant.

Als ich Hotel Stadt Hamburg mir besah
Und meine Wünsche dort behaglich kühlte,
Da war das Postamt, war die Welt mir nah.
Auch weiß ich Freunde hier. Und es
   geschah,
Daß ich mich wieder wohl in Halle fühlte.

Hans-Dietrich Genscher

Stets war ich stolz auf meine Heimatstadt

*Das weltoffene und moderne Halle hat
mich geprägt*

Zeit meines Lebens war ich stolz auf Halle,
meine Heimatstadt, eine moderne und
weltoffene Industriemetropole, ein Kultur-
zentrum, eine Universitätsstadt. Das Bil-
dungsbürgertum in Stadt und Umgebung
bestimmte den Charakter Halles genauso
wie die selbstbewußte, hochqualifizierte
Industriearbeiterschaft. Inzwischen ist die
Bevölkerung von zweihundertzweiundzwan-
zigtausend auf dreihunderttausend Einwoh-
ner gewachsen. Am Westrand von Halle
wurde zu Zeiten der DDR die Satellitenstadt
Halle-Neustadt errichtet, heute ein Teil von
Halle selber.

Industrielle Bedeutung besaß Halle durch
seine chemischen Fabriken, durch den Wag-
gonbau und den Bau von Spezialmaschinen.
Hatte hier einst die Aufklärung mit mancher
Kontroverse das Klima bestimmt, so wurden

auch die sozialen Spannungen in der aufstrebenden Industriestadt offen ausgetragen, und Arbeiter- wie Gewerkschaftsbewegung beeinflußten die Entwicklung der Stadt. In den zwölf Jahren des Nationalsozialismus gab es in Halle – wie überall im Deutschen Reich – Verfolgung aus politischen und aus rassischen Gründen. Es gab allerdings auch Widerstand aus allen politischen Lagern und aktive Beteiligung an der Vorbereitung des 20. Juli 1944.

Die Stadt, in der ich aufwuchs, zeichnete sich nicht nur durch eine bedeutende Industrie aus. Halle wurde gleichfalls geprägt

Gerhard Marcks: Das Quartett

durch die Kunstwerkstätten auf Burg Giebichenstein, Ende der zwanziger und Anfang der dreißiger Jahre eng verbunden mit dem Bauhaus in Dessau. Der letzte Direktor von Giebichenstein – bis 1933 – war der große Bildhauer Gerhard Marcks ...

Ein großer Förderer der Hallenser Kunst war Richard Robert Rive, der schon zu Kaisers Zeiten Stadtoberhaupt gewesen war. Vom 2. April 1906 bis Anfang 1933 stand er an der Spitze der Stadt, Kunst und eine moderne Kommunalpolitik auf vorbildliche Weise miteinander verknüpfend. Ähnlich wie Konrad Adenauer in Köln, Ernst Reuter in Magdeburg, Carl Goerdeler in Leipzig gehörte er zu den bedeutendsten Oberbürgermeistern der Weimarer Zeit. Er veranlaßte, daß in einem Turm der Moritzburg Lyonel Feininger Aufnahme fand und ein Atelier unterhielt. Es waren die Jahre, in denen Feininger nicht nur seine berühmten Halle-Bilder, sondern auch mitteldeutsche Kirchenmotive malte ...

Landsmannschaftlich gesehen sind die Hallenser Sachsen, haben allerdings staatsrechtlich weder zum Kurfürstentum noch später zum Königreich Sachsen gehört. Bis über den Dreißigjährigen Krieg hinaus war

Halle Teil des Erzbistums Magdeburg, bis es 1680 – ein Ergebnis des Westfälischen Friedens von 1648 – an Brandenburg-Preußen fiel. 1815 wurde die Stadt Teil der preußischen Provinz Sachsen – mit Magdeburg als Provinzhauptstadt. Nach dem Zweiten Weltkrieg hieß die Provinz dann bis 1952 „Land Sachsen-Anhalt". Halle wurde Hauptstadt.

Meine Kindheit war – soweit das in jener Zeit möglich war – unbeschwert. Bis zu unserem Umzug nach Halle 1933 wuchs ich auf dem Land auf. Haus und Hof, Stallungen, Wiesen und Felder bildeten meine kleine Welt. Ich sah zu, wenn Kühe kalbten, Schweine ihre Jungen warfen. Mit dem Hund „Döll" – einem Deutsch-Drahthaar – teilte ich oft die Hundehütte, und im Pferdestall besprach ich vor allem mit dem Fuchs abends meine alltäglichen Sorgen.

In Halle mieteten meine Eltern in der Lindenstraße Nr. 2 eine Fünf-Zimmer-Etagenwohnung. Kurz nach Ostern zogen wir ein; nach einer Woche Schule in Reideburg wechselte ich in die Johannes-Volksschule in Halle. In die Schule ging ich gern. Das Lernen fiel mir nicht schwer, manchmal machte es sogar Spaß. Ich glaube, ich bin immer ein neugieriger Schüler gewesen.

Stolz war ich in jener Zeit vor allem auf mein Fahrrad, das mein Vater mir – gebraucht – für zehn Reichsmark gekauft hatte, damals eine große Geldausgabe. An meinen Vater erinnere ich mich deutlich: Er war ein fürsorglicher und liebevoller Mann mit künstlerischen Neigungen. Vielleicht habe ich von ihm die Neigung zu Harmonie und Ausgleich geerbt, für seine musische Begabung gilt das leider nicht. Er hatte wohl eine konservative Grundhaltung – wie fast alle in beiden Zweigen der Familie. Als Mitglieder der Deutsch-Nationalen Volkspartei, der DNVP, war er gegenüber dem Nationalsozialismus kritisch eingestellt. Nie werde ich vergessen, wie er immer wieder sagte: „Hitler, das bedeutet Krieg …"

Am Abend des 26. Januar 1937 kam meine Mutter aus dem Krankenhaus zurück. An ihrem Gesicht konnte ich sehen, was geschehen war. Mein Vater war gestorben. Ich weinte, bis ich erschöpft auf der Liege im Wohnzimmer einschlief.

Nach dem Tod meines Vaters wurde die Bindung zwischen meiner Mutter und mir, ihrem einzigen Kind, noch enger. Zugleich ereignete sich etwas, was später für den Innen- und Außenminister Genscher eine gewisse Bedeutung erlangen sollte. Meine Mutter, beim Tod meines Vaters erst fünfunddreißig Jahre alt, war einsam geworden. Deshalb redeten ihr Bekannte und Verwandte gut zu, jemanden in unsere Wohnung aufzunehmen, damit sie nicht die ganze Zeit mit mir allein sei. So kam Marianne Bedners, die aus einer deutschen Familie in Kronstadt in Siebenbürgen stammte, zu uns. Die Achtzehnjährige besuchte das Lehrerseminar in Halle und blieb für die nächsten zwei Jahre bei uns, wobei sie viel von ihrer Heimat in Siebenbürgen erzählte.

Als ich 1969 Innenminister wurde, übernahm ich auch das Vertriebenenministerium und in dieser Eigenschaft zugleich die Betreuung der Deutschen in Siebenbürgen und im Banat. 1971 folgte ich einer Einladung nach Rumänien. In Bukarest äußerte ich den Wunsch, auch Kronstadt zu besuchen. Zu meinem rumänischen Amtskollegen sagte ich: „Ich habe übrigens eine Bekannte in Hermannstadt. Ich wäre dankbar, wenn Sie dafür sorgten, daß ich sie sehen kann." Ich wußte, daß Marianne wiederholt, aber immer vergeblich die Ausreise für ihre Familie beantragt hatte.

Wir kamen abends in Kronstadt an, und

am nächsten Morgen um halb acht war Marianne schon da. Als wir uns in meinem Zimmer unterhielten, gab sie mir ein Zeichen, und ich verstand und sagte: „Es ist so schönes Wetter, wir sollten an die frische Luft gehen." Unterwegs – ohne Mikrofon in der Nähe – erzählte sie mir dann, was in der Nacht passiert war. Um Mitternacht war sie zum Polizeipräsidenten bestellt worden; man hatte sie gefragt, ob sie den Innenminister Genscher kenne. Darauf hatte sie geantwortet, sie kenne eine Familie Genscher in Halle, aber keinen Innenminister dieses Namens.

Tatsächlich wußte sie nicht, was aus dem kleinen Jungen aus Halle geworden war. Daraufhin ließ man sie erst einmal gehen. Doch um drei Uhr morgens wurde sie erneut aus dem Bett geholt, wieder zur Polizei gebracht, wo man ihr eröffnete: „Sie werden jetzt nach Brasow (Kronstadt) gefahren, aber bilden Sie sich ja nicht ein, daß Sie hier rauskommen mit Ihrer Familie, nur weil Sie den Innenminister Genscher kennen." Um sie für die Zukunft zu schützen, bat ich deshalb meinen Gastgeber, den Innenminister, meine Bekannte an unserem gemeinsamen Frühstück teilnehmen zu lassen. Das war wie ein Schutzschirm. Und schließlich konnten wir dann doch erreichen, daß unsere Freundin mit ihrer gesamten Familie schon wenige Monate später ausreisen durfte.

Zurück ins Jahr 1937: Es hätte für mich nahegelegen, die Oberschule der Franckeschen Stiftungen zu besuchen, zumal wir ganz in der Nähe wohnten. Aber mein Vater war offenbar durch die Erfahrung geprägt, daß er in Delitzsch sein Abitur auf einer Oberrealschule abgelegt hatte, auf der kein Latein gelehrt wurde. Erst als Student machte er nach dem Ersten Weltkrieg das Große Latinum nach. Deshalb sagte er meiner Mutter unmittelbar vor seinem Tod: „Schicke den Jungen auf das Reform-Realgymnasium; dort lernt er Latein." So kam es, daß meine Mutter mich dort anmeldete (es wurde dann in Friedrich-Nietzsche-Schule umbenannt). Mein Vater konnte nicht wissen, daß im Rahmen einer Schulreform seit 1937 an allen Oberschulen Latein gelehrt wurde. An meiner neuen Schule waren wir die erste Klasse, die in der Sexta mit Englisch als erster Fremdsprache begann; in der Quarta kam dann Latein hinzu.

Nachdem ich meine Aufnahmeprüfung für die Oberschule bestanden hatte, kam

Großvater Genscher zweispännig mit der Kutsche in Halle vorgefahren. Zum Prüfungsergebnis sagte er: „Na, das ist doch selbstverständlich", und schenkte mir zwei „Kanaldeckel", wie mein Vater immer die Fünfmarkstücke genannt hatte. Dies war das einzige Mal, daß ich von Großvater Genscher eine Anerkennung bekam.

Das Schulgeld betrug fünfundzwanzig Mark, eine Summe, die für meine Mutter, die nur von einer kleinen Angestelltenrente lebte, nicht leicht aufzubringen war. Ich entwickelte es daher zu einem Sport, die Schulbücher – soweit nicht neue eingeführt wurden – gebraucht zu kaufen und nach Gebrauch am Beginn des neuen Schuljahres mindestens zum Anschaffungspreis weiterzuverkaufen. Überwiegend besaß die Schule für mich Unterhaltungs- und Informationswert ...

Meine Lieblingsfächer waren Deutsch, Geschichte, Erdkunde und Latein. Turnen war nicht gerade meine Stärke, aber ich liebte das Völkerball- und das Fußballspiel. Als Sextaner wurde ich an Hitlers achtundvierzigstem Geburtstag, also am 20. April 1937, wie alle Jungen meines Jahrgangs in das Deutsche Jungvolk aufgenommen. Dem

Jungvolk gehörte man von zehn bis vierzehn Jahren an. Dann fand in der Regel die Überführung in die HJ statt, und so war auch ich von Herbst 1942 an in der Motor-HJ. Den Dienstgrad als „Bestätigter Jungenschaftsführer", den ich im Jungvolk gehabt hatte, gab ich auf: Mitglied der HJ war ich ohne Dienstgrad. Im Winter 1942/43 wurden wir vornehmlich für die Führerscheinprüfung ausgebildet, daraus wurde aber nichts. Am 15. Februar 1943 mußte ich zur Flak als Luftwaffenhelfer einrücken ...

In der Flakstellung waren wir mit Schülern der Mackensen-Schule zusammen. Unser Untergruppenkommandeur, Oberstleutnant Meßthaler, ein reaktivierter Offizier aus dem Ersten Weltkrieg, der in Halle in „Grüns Weinstuben" eingeheiratet hatte, besuchte unsere Flakstellung. Mit Monokel, im Ledermantel mit Pelzkragen und mit seinem großen Hund wirkte er wie eine Gestalt aus einer anderen Zeit.

Als er fragte: „Von welcher Schule seid ihr denn?" antwortete einer: „Mackensen-Schule". Daraufhin der Oberstleutnant: „So, Mackensen. Ich habe die Ehre, in jedem Jahr an der Geburtstagstafel des Feldmarschalls sitzen zu dürfen." Da meldete sich einer von uns und rief: „Friedrich-Nietz-sche-Schule." Daraufhin Meßthaler: „Nietz-sche, Nietzsche. Wer ist denn das?" Der Schüler antwortete: „Ein bedeutender deut-scher Philosoph." – „So, so, ein Philosoph", antwortete Meßthaler, „ich wußte bisher nur, daß Nietzsche im Kriege 70/71 Kran-kenträger war, sechzig Kilometer hinter der Front."

Rüdiger Fikentscher

Allmählich ging die Angst verloren

Erinnerungen an die friedliche Revolution von 1989/90

Wir erinnern uns beide noch genau. Es war der 12. August 1989 im Wochenendgrundstück meines langjährigen Schulfreundes. Wir saßen in der Sonne und sprachen über die Welt und unsere persönliche Lage. Er hatte sich diesen kleinen privaten Lebensraum im Vogtland mit viel Mühe geschaffen. Als promovierter Computerexperte war er bei Robotron in Karl-Marx-Stadt bis zum Abteilungsleiter aufgestiegen, was für einen Parteilosen die letzte Stufe war. Für mich galt entsprechendes in der Medizin. Folglich waren wir schon vor Jahren am Ende unserer beruflichen Laufbahn angekommen.

Verglichen mit anderen gab es allerdings keinen Grund zum Klagen. Unsere Beschäftigungen waren interessant, wenngleich man unter besseren Arbeitsbedingungen wenigstens das Doppelte hätte leisten können. Auch war uns ein auf Dauer angelegter bescheidener Wohlstand sicher. Das System, in dem wir lebten, war schlecht, aber nicht zu ändern. Bis zu unserem Rentenalter würde wohl alles so bleiben.

Neun Monate später, 2. Juni 1990. Ich rufe meinen Freund an: „Rate mal, woher ich dich anrufe?" – „Weiß nicht." – „Aus meinem Arbeitszimmer als Volkskammerabgeordneter im ehemaligen ZK-Gebäude, 2. Etage Vorderfront, mit Rundblick von der Hedwigs-Kathedrale über die Werdersche Kirche, den Lustgarten und Dom bis zum Palast der Republik, wo wir seit 5. April tagen." Am anderen Ende der Leitung: „Und rate mal, was ich seit gestern bin?" – „Keine Ahnung." – „Erster Bürgermeister von Chemnitz." Selbst der Name Karl-Marx-Stadt war schon Geschichte. Zwischendurch hatten wir uns zwei- oder dreimal kurz gesprochen. Natürlich würden wir uns politisch betätigen, und zwar bei den Sozialdemokraten, auch das war klar. Aber mit Haut und Haaren und so rasch in solchen Funktionen? ...

Mein Freund sollte zwar Jahre später für sieben Jahre zum Oberbürgermeister gewählt werden, und – nebenbei bemerkt – das Grundstück im Vogtland war rasch zur verkäuflichen Nebensache geworden, für so etwas reichte die Zeit nicht mehr aus. Auch das Nischenbedürfnis war längst dahin. Die Welt hatte sich für uns, wie für fast alle Hiesigen, von Grund auf geändert. Wir lebten in einem nur noch von Freunden umgebenen ungeteilten Deutschland, in einem freiheitlich demokratischen Rechtsstaat. Ich arbeitete für das wieder erstandene Land Sachsen-Anhalt. Ein vollständiger Berufswechsel lag hinter mir, wie hinter vielen anderen auch. Aber nicht bei allen war er so freiwillig und so komplett. Nun war ich Politiker, Landesvorsitzender meiner Partei, Landtagsabgeordneter, Vizepräsident des Landtages und was sonst noch für Aufgaben und Ämter auf mich zugekommen waren. Alles bewegte sich in neuen Bahnen.

Bei allen unseren, natürlich ganz harmlosen Überlegungen über mögliche Veränderungen hatten wir noch im Sommer 1989 immer die sowjetischen Panzer vor unserem geistigen Auge gesehen, also die von Moskau eingesetzte letzte Instanz. Der 17. Juni 1953 in Deutschland und die vergleichbaren Ereignisse in Ungarn und Polen waren nicht vergessen – wenigstens nicht in unserer Generation. Wir waren schließlich ein besetztes Land.

Allerdings war eine gewisse Unruhe aufgekommen. Gorbatschow gab Anlaß für viele Hoffnungen. Aber hier bei uns in der DDR waren keine entsprechenden Veränderungen zu spüren. Das „Sputnik"-Verbot ging eher in die andere Richtung. Und für den Fall der Fälle hatte Egon Krenz mit der chinesischen Lösung wie auf dem Platz des himmlischen Friedens in Peking gedroht. War das System etwa so stabil geworden, daß es sich selbst tragen konnte? Das hatten wir seit unserer Kindheit nicht für möglich gehalten. In letzter Zeit gab es allerdings einige schwer zu deutende Unsicherheiten. Was würde auf die geplante Öffnung der ungarischen Grenze folgen? Vermutlich eine noch konsequentere Eingrenzung bei uns. Eine größere oder gar grundsätzliche Veränderung schien uns unvorstellbar. Denn einmal in Bewegung geraten, müßte sich alles ändern, und das würde letztlich der „Große Bruder" nicht zulassen.

Die Welt war nun einmal für Jahrzehnte so geordnet. Auch alle bedeutenden westlichen Politiker hatten sich so geäußert. Im Dezember 1988, anläßlich seines 70. Geburtstages, wurde Helmut Schmidt am Ende eines Interviews gefragt, was sich bis zum

Jahre 2000 in Europa grundsätzlich ändern würde. Seine Antwort: Die politische Ordnung bleibt bis dahin wie sie ist. Für mich war dies eine nicht ermutigende, aber sehr glaubhafte Aussage. Reichlich zwei Jahre später war ich in eine kleine Gesprächsrunde zu ihm nach Hause eingeladen. Fast schon bei der Verabschiedung wagte ich darauf zu sprechen zu kommen. Für mich sei dies damals eine sehr wichtige Aussage gewesen und sie habe sich doch bereits nach kürzester Zeit als unzutreffend erwiesen. Seine Antwort kam prompt und mürrisch: „Natürlich kam alles anders, aber ich war damals nicht der einzige, die Thatcher und der Mitterrand und die anderen alle haben genauso gedacht."

An einen Zusammenbruch des sowjetischen Imperiums und die daraus folgende Einheit Deutschlands dachte im Ernst niemand. Jedenfalls nicht in vorhersehbarer Zeit. Dafür gibt es meines Erachtens einen indirekten Beweis: Während jahrzehntelang ganze Bibliotheken mit Büchern darüber gefüllt wurden, wie man aus einem marktwirtschaftlichem System ein planwirtschaftliches machen kann bzw. nach damaligem Jargon den Kapitalismus zum Sozialismus umformt, gibt es über den umgekehrten Weg nach meiner Kenntnis nicht eine einzige harmlose Dissertation.

Wir waren also bei unserer Einschätzung der Lage in bester Gesellschaft. Dennoch fühlten wir uns als moralische Sieger. Ein Jahr zuvor hatte ich nämlich in einer österreichischen Zeitung gelesen: „Der kalte Krieg ist vorbei, und der Russe hat ihn verloren." Darauf hatten wir ja stets gehofft. Erst später wurde mir klar, daß es für eine Großmacht nicht ohne grundsätzliche Folgen bleiben kann, wenn sie einen so aufwendigen und prestigeträchtigen Krieg verliert. Alle Folgen eines verlorenen Krieges, also die klassischen inneren und äußeren Auflösungserscheinungen, traten kurze Zeit später ja auch prompt ein. Egon Bahr, daraufhin angesprochen, räumte ein, dies auch nicht so gesehen zu haben, weil man das Wort „Krieg" beim Begriff „kalter Krieg" nie so wörtlich gemeint hat.

Aber damals ging es für uns um viel kleinere Fragen und Spannendes nur im Privaten. Ich hatte für Ende August/Anfang September eine Verwandtenreise nach Norddeutschland beantragt. Würde ich die Erlaubnis bekommen, obwohl doch sicher registriert war, daß ich am 7. Mai 1989 bei den Kommunalwahlen zum ersten Mal in der Wahlkabine gewesen bin? Die Sorge war unberechtigt, so etwas taten damals bereits viele, und es hatte keine nachteiligen Folgen mehr. Ich durfte reisen und genoß zwölf eindrucksvolle Tage. Bei meiner Rückkehr war deutlich, daß sich die Unruhe im Laufe des Sommers 1989 verstärkt hatte. Auch in den Gesprächen war uns klar, daß irgendwelche Veränderungen auf uns zukommen würden. Doch in die DDR reiste ich mit dem Gefühl ein, ich würde sie möglicherweise nie wieder verlassen. Eine fast lähmende Stille schien über dem Land zu liegen, und der allgemeine äußere Verfall war für mich durch den erlebten Kontrast noch deutlicher geworden. Aber vielleicht schmolz gerade deswegen die Angst vor den Herrschenden dahin.

Der 15. September 1989 war für mich ein wichtiger Tag. Während einer Operationspause unterhielt ich mich mit einem neurochirurgischen Kollegen. Von ihm wußte ich, daß er vor langem bereits einen Ausreiseantrag gestellt hatte. Ich äußerte mich zur allgemeinen Lage wie unter Freunden. Wenn ich solche Ansichten hätte, sagte er, dann habe er etwas für mich. Danach trafen wir uns in seinem Zimmer, ich trug mich beim Neuen Forum ein und bekam eine damals sehr wertvolle Kopie seines Aufrufes. Die Lage war noch so, daß man nicht wußte, ob die angekündigte nächste Information schneller sein würde als die Stasi. Wie sich herausstellte, war auch dies eine Fehleinschätzung.

Die folgenden Ereignisse von den Ungarnflüchtlingen über die Botschaftsbesetzungen bis zur Ausreisewelle erlebten wir mit zunehmender Spannung und abnehmender Angst. Und mittendrin, als wäre alles wie seit Jahren, gab es noch immer die sogenannte „Rote Woche" an der Universität. Wer es nicht oder nicht mehr weiß, dem sei Folgendes gesagt: Ende September zum Studienjahresbeginn wurden die Studenten mit politischen Vorlesungen und Seminaren empfangen. Wie alle Dozenten hatte auch ich ein paar Seminarstunden zu übernehmen.

Die beiden Tage, der 19. und 20. September, waren für mich enttäuschend. Ich versuchte durch einige naheliegende Fragen herauszufinden, wie die Studenten dachten, ob sie von der allgemeinen Stimmung, den

Nachrichten und den überall auftauchenden Fragen erfaßt seien. Im Grunde waren meine Fragen harmlos: „Was bedeuten Perestroika und Glasnost?" – „Was heißt Neues Denken nach Gorbatschow?" Keine Ahnung! „Handelt es sich dabei wirklich um die Übereinstimmung von Wort und Tat?" – „Und stimmt etwa beides bisher mit unserer Politik nicht überein?" Zu meiner Studentenzeit hätten wenigstens einige von uns solche Fragen begierig aufgegriffen und weiterverfolgt. Aber hier keine Reaktion! Also näher an die Praxis: „Wo waren Sie im Urlaub?" Endlich fand ich eine Studentin, die in Ungarn war. „Meinen Sie, daß sie nächstes Jahr wieder hinfahren können?" Damit war die Frage nach dem Eisernen Vorhang gestellt. Und wie lautete die Antwort? „Wenn's erlaubt wird, ja."

Was war nur mit den jungen Leuten los? Die nachfolgende Revolution ging jedenfalls nicht von den Schulen und Hochschulen aus. Die erste nur von Studenten gebildete Mahnwache, die ich erlebte, fand im Juni 1990 vor der Volkskammer statt. Es ging ihnen um mehr Stipendium, damit sie die neuen Reisefreiheiten auch bezahlen könnten. Nun, wenigstens das hatten sie mitbekommen. Einschränkend muß ich jedoch anfügen, daß diese Beobachtungen nicht ganz zu verallgemeinern sind, es gab auch andere Beispiele.

Am 9. Oktober hatte ich Klinikdienst und konnte nicht tauschen. Mein Plan, zur Montagsdemonstration nach Leipzig zu fahren, wie zuvor mit der Familie besprochen, fiel also ins Wasser. Auf dem Weg nach Hause zur Telefonbereitschaft konnte ich mir nur einen kleinen Umweg über den Marktplatz erlauben. Die Situation hatte etwas Gruseliges an sich. Der Zugang zur Marktkirche war von Polizei mit Hunden abgesperrt. Auf der Treppe nach oben wies mich ein Polizist zurück. „Ich will in die Kirche." – „Wenn Sie fromm sind, müssen Sie nach Rom zum Papst fahren", lautete die Antwort. Welch merkwürdige Spuren hatte die Politschulung bei diesem armen Menschen hinterlassen? Aber ich mußte ja rasch am Telefon erreichbar sein und konnte nichts riskieren.

Was sich an diesem Abend dort und im Anschluß an die Verhaftungen andernorts abspielte, hörten wir in den nächsten Tagen. Und die Folgen blieben nicht aus. Schließlich hatte an diesem Tag in Leipzig das

System nicht mehr gewagt, Gewalt einzusetzen. Die Macht war gebrochen, was mir allerdings erst allmählich klar wurde. Das Märchen von des Kaisers neuen Kleidern nahm seinen Lauf.

Wegen der Vorfälle auf dem Halleschen Markt am 9. Oktober war für den folgenden Sonntag zu einer Versammlung in die Pauluskirche aufgerufen wurden. Nur durch Flüsterpropaganda. Dennoch war die Kirche seit ihrer Einweihung vermutlich nie so voll gewesen wie an jenem Tag. Die beiden Eigenfelds vom Neuen Forum, die ich wegen ihres Mutes bis heute hoch schätze, und auch andere hatten sich weit vorgewagt und gegen Gewalt aufgerufen. Dort hielt auch ich meine erst kurze politische Rede. Ein Ruck war noch nötig, dann erklärte ich mit Mikrofon in der Hand unter Namensnennung öffentlich, daß ich nicht nur gegen Gewalt sei, sondern auch gegen deren Ursachen, die man aufspüren müsse usw. Allmählich ging die Angst verloren. Vom nächsten Montag an nahmen die Demonstrationen erheblich zu. Zunächst war es allerdings noch keineswegs so leicht, mit den wenigen anderen mit der Kerze in der Hand aus dem Schatten der Marktkirche auf die freie Fläche zu treten, um zu zeigen, daß man nicht einverstanden sei mit dem, was geschieht.

An jenem 16. Oktober füllten sich abends die Kirchen. Natürlich handelte es sich nicht um Gottesdienste im herkömmlichen Sinne, sondern um politische Demonstrationen. Ich fand noch einen Stehplatz in der St. Elisabethkirche. Dechant Herold sprach und sagte für mich etwas Entscheidendes: Hier und in der Gemeinschaft fühle man sich offenbar sicher und stark. Es käme aber darauf an, am Arbeitsplatz oder wo sonst man sei die gleichen Fragen zu stellen und den gleichen Mut zu beweisen. Dort gäbe es etwas zu tun. Später habe ich mich persönlich bei ihm für diese Worte bedankt.

Es galt also, selbst aktiv zu werden und andere in ihrer Aktivität zu unterstüt-

Das Symbol „Schwerter zu Pflugscharen" der Friedensbewegung nach einer sowjetischen Skulptur im New Yorker UNO-Park galt in der DDR als Provokation.

zen. Noch an den beiden folgenden Tagen verfaßten wir mit einigen befreundeten Medizinern die „Erklärung von Ärzten der Stadt Halle". Es war eine schonungslose Abrechnung mit dem Gesundheits- und Sozialwesen, an die sich klare Forderungen anschlossen. Wir sammelten Unterschriften an allen medizinischen Einrichtungen und Fachbereichen Halles und setzten alle Verantwortlichen sowie die Medien davon in Kenntnis. Das Papier mit den hundert Erstunterzeichnern lag seit dem 23. Oktober allen „Verantwortlichen" vor und wurde dann auch in der Zeitung veröffentlicht. Das alles erfolgte zunächst unter quasi konspirativen Bedingungen. Irgendwie rechneten wir immer noch mit einem Zugriff durch den Staatssicherheitsdienst.

An der Georgen-Kirche war eine Mahnwache gebildet worden. Der Protest richtete sich hauptsächlich gegen den staatlichen Einsatz von Gewalt. Die zentrale Figur war Pfarrer Hanewinckel. Die jungen Leute habe ich wenigstens insofern unterstützt, als ich viele Kerzen brachte, die ich noch rasch in verschiedenen Drogerien aufgekauft hatte, bevor sie alle waren. Und auch eine alte Schreibmaschine, die dringend gebraucht wurde, war dabei. Außerdem schrieb ich am 14. Oktober an die „Liberal-Demokratische Zeitung" – LDZ – und beklagte mich darüber, daß über einen solchen Vorgang nicht berichtet wurde. Der Chefredakteur versprach in seinem Antwortbrief vom 17. Oktober Besserung. Die Summe dieser vielen kleinen Handlungen Tausender hat wohl doch eine gewisse zusätzliche Kraft entfaltet. Jedenfalls kann man sich das wenigstens einbilden.

Die Montagsdemos wurden inzwischen gut vorbereitet. Dazu trafen wir uns in der katholischen Heilig Kreuz-Gemeinde. Beim ersten Treffen, ich war noch nicht dabei, erfand man den Begriff „Reformhaus". So nannte sich diese Runde deshalb, weil sie unter einem Dach gemeinsam an der Reformierung der DDR arbeiten wollte. Daran erinnert heute noch das „Reformhaus" in Halle. Ich stieß als Vertreter der Sozialdemokraten erst in der zweiten Woche dazu. Von mal zu mal tauchten neue Vertreter weiterer Gruppen und Parteien auf. Auch Einzelkämpfer. Niemand konnte zurückgewiesen werden, weil die Runde selbst nicht formal legitimiert war. Die Organisation der Demonstrationen mit Kundgebungen wurde immer besser. Als man noch von einer gewissen Gewaltbereitschaft der Polizei ausgehen mußte, erhielt ich die Aufgabe, mit dem Polizeipräsidenten über eine Sicherheitspartnerschaft zu verhandeln. Ich wurde im Präsidium empfangen und konnte ohne größere Mühe durchsetzen, daß wir Ordner einsetzen würden und die Polizei ebenfalls, natürlich unbewaffnete, und daß sie alle die gleiche gelbe Schärpe mit der Aufschrift „Ohne Gewalt" tragen müßten. Die Polizei hatte sogar noch die Schärpen für alle zu liefern, weil wir selbst gar nicht so rasch dazu in der Lage waren.

Die Transparente der Demonstrationen wechselten und die Rufe auch. An ihnen kann man die vier Stufen der friedlichen Revolution ablesen. Die erste ist durch den Ruf der Ausreisewilligen „Wir wollen raus!" gekennzeichnet, also einem öffentlichen Bekenntnis, das bis zum Sommer 1989 niemand gewagt hatte. Im September folgte das trotzige „Wir bleiben hier!". Das war die Drohung einer mutigen und entschlossenen Minderheit. Dieser schloß sich in der dritten Stufe der legendäre Ruf „Wir sind das Volk!" an, mit dem die Macht des Regimes gebrochen wurde. Nachdem die Mauer gefallen war, folgte abschließend: „Wir sind ein Volk!". Das war die Frage nach der deutschen Einheit.

Parallel mit dem Demonstrantenruf „Stasi in die Volkswirtschaft" wurden Stasizentralen gestürmt, besetzt und gesichert. Für unser Selbstbewußtsein in der Medizinischen Fakultät war es zwar wichtig, im Ganzen aber natürlich nur eine unbedeutende Episode, daß auch wir zu elft am 13. Dezember das Büro des Stasibeauftragten in der Leninallee besetzten und inspizierten. Treibende Kraft war der Internist Professor Ullrich. Das Material war allerdings längst beiseite geschafft oder vernichtet worden. Wir fertigten brav ein Protokoll über diesen Vorgang an, welches der Stasibeauftragte in seiner Not auch noch unterschrieb. Immerhin hatten wir sogar eine Staatsanwältin hinzugezogen, was nicht gerade für einen revolutionären Akt spricht.

Der eigentliche Umbruch lag hinter uns. Dies konnten wir jedoch damals noch nicht sicher wissen. Denn niemand ahnte, was vor uns lag. Man nannte den Vorgang auch Revolution und setzte halb anerkennend, halb abschwächend das Adjektiv „friedliche" davor. Schließlich gehört nach herkömmlicher

Auffassung zu einer richtigen Revolution auch Blut. Aber wir waren froh, daß keines geflossen ist. Egon Krenz prägte das Wort „Wende", was sich zu meinem Verdruß bis zum heutigen Tag gehalten hat. Er hatte die sogenannte „geistig moralische Wende" vor Augen, die Helmut Kohl 1982 bei seiner Regierungsübernahme verkündete. Ähnliches schwebte ihm wohl mit seiner Person vor. Aber platte Worte, selbst wenn sie falsch sind, setzen sich oft leichter durch als korrekte Begriffe.

Bürgerbewegungen und Demonstrationen können ein System zu Fall bringen, aber nicht ersetzen. Man braucht politische Parteien. Die erste Gelegenheit, mich einer solchen anzuschließen, ergriff ich. Es kam nur die Sozialdemokratie in Betracht, und meine Frau hat mich darin glücklicherweise unterstützt und ermutigt. Die Wiedergründung in Halle am 27. Oktober habe ich verpaßt, aber am 4. November trat ich ein. Ab 4. Februar 1990 war ich Bezirksvorsitzender einer Partei, die noch aufgebaut werden mußte, aber schon an Runden Tischen saß und damit in gewisser Weise Mitverantwortung übernommen hatte und die sich zugleich im Wahlkampf für die Volkskammer befand. Öffentlich vertreten durfte ich die SPD – bis zum 13. Januar 1990 nannten wir uns Sozialdemokratische Partei in der DDR – schon einmal zum Jahresende. Die „Freiheit" – Bezirkszeitung der SED – wollte von einigen Parteien und neuen Bewegungen Wünsche für das kommende Jahr veröffentlichen. Ich las also zum ersten Mal eine politische Äußerung von mir in einer Zeitung:

„Dr. Rüdiger Fikentscher, SPD Halle: Kontrollierbare Politik. Das Jahr 1989 brachte uns politische und gesellschaftliche Veränderungen von solchem Ausmaß, wie sie niemand vorhersah. Alle wesentlichen Strukturen des Staates gerieten durch eine friedliche Revolution ins Wanken oder brachen zusammen. Geändert haben sich unser Lebensgefühl und unsere Zukunftsaussichten. Wir sind voller Hoffnung, aber noch nicht ohne Sorge. Der Alltag blieb – abgesehen von den Westreisen – weitgehend unberührt. Von einem dauerhaften Sieg der demokratischen Kräfte kann noch nicht die Rede sein, denn: ‚Der Ausgang gibt den Taten ihre Titel' (Goethe) und dieser ist ungewiß, so lange etwas Neues nicht entstehen konnte. Unser Ziel ist der Aufbau demokratischer Strukturen, mit deren Hilfe eine überschaubare sachkompetente und kontrollierbare Politik durchgesetzt werden kann, die auch einen wirtschaftlichen Aufschwung ermöglicht. Erst dann wird die 89er Revolution siegreich bleiben und werden die 90er Jahre durch eine soziale, demokratische und ökologische Politik zum Wohle aller gekennzeichnet sein."

Zu diesem kurzen Silvestertext kann ich heute noch stehen – wie auch zu praktisch allen damals gehaltenen Reden und geschriebenen Texten. Wir waren wohl doch nicht so naiv und politisch ungebildet, wie gelegentlich unterstellt worden ist.

Über Kontakte zu SPD-Freunden aus Göttingen traf ich zum ersten Mal mit Gerhard Schröder in Hannover zusammen. Es war am 20. Januar 1990 und ungeheuer spannend, wenngleich nicht ganz so wie bei uns zu Hause. Wir tauschten frei unsere Informationen und Meinungen aus und versuchten einen Blick auf die kommenden Wochen und Monate. Solche Begegnungen, wenigstens mit Vertretern der SPD, gab es damals viele. Es gehört überhaupt zu den unvergeßlichen Eindrücken dieser Zeit, Menschen erstmals und freundschaftlich begegnet zu sein, die man bis dahin nur aus dem Westfernsehen kannte. Eine gewisse Hilflosigkeit der einmaligen Situation gegenüber kennzeichnete sie jedoch ebenso wie uns.

Nachdem ich Bezirksvorsitzender meiner Partei geworden war, verabschiedete ich mich aus der Reformhausrunde und räumte meinen Platz am Runden Tisch der Stadt Halle für Freunde, die damals mehr Zeit darauf verwenden konnten. Die weiteren Aufgaben und Ereignisse fraßen, neben meiner von den Kollegen in der Klinik mit viel Verständnis begleiteten „vollen Berufstätigkeit", meine Kraft und Zeit gänzlich auf. Schließlich stand eine Volkskammerwahl bevor, und niemand von uns hatte Wahlkampf gelernt. Wir bekamen viele und auch wunderschöne Plakate und klebten in der Stadt alle Flächen zu, die erreichbar waren.

Das Wahlergebnis am 18. März 1990 war für uns Sozialdemokraten schockierend. Mit über 50 Prozent in den Vorhersagen angekündigt, landeten wir bei 22 Prozent. Mein Listenplatz 1 war zwar nicht gefährdet, aber aus dem Bezirk Halle zogen nur neun Sozialdemokratinnen und Sozialdemokraten in die Volkskammer ein.

Ute Grundmann

Peter Sodanns
DDR-Bibliothek

*ARD-Kommissar Bruno Ehrlicher trommelt
für eine Büchersammlung*

Eine Bibliothek der besonderen Art stellt
seit einiger Zeit Peter Sodann zusammen.
Alle Bücher, die in der DDR zwischen 1949
und 1989 erschienen sind, sollen künftig in
seinem Neuen Theater in Halle an der Saale
zu finden sein: Belletristik, Kunstbücher
und Biografien. Sodann, Schauspieler, In-
tendant des von ihm 1981 gegründeten
Theaters und im Nebenberuf ARD-Tatort-
Kommissar Bruno Ehrlicher, bat deshalb um
Bücherspenden, um diese besondere Sammlung zustande zu bringen. Auch bei Dreh-
arbeiten und auf PR-Reisen für den „Tatort"
trommelte er für sein Projekt. Und dann
wurde er die Geister, die er rief, fast nicht
mehr los. Quer durch Deutschland, auch aus
den alten Bundesländern, wurden Bücher
angeboten oder per Post geschickt. Jeden
Tag stand mindestens eine Kiste beim Büh-

nenpförtner und wollte ausgepackt und bearbeitet werden. Nun ist die Theaterbibliothek voll, ein Lagerraum auch, drei Riesenregale beim Besucherdienst ebenso. Weitere Kisten sind in Sodanns Haus in Weinböhla bei Dresden zwischengelagert. Und immer wünschten die Besitzer, daß der Schauspieler persönlich ihre Bücher abholt, von denen manche sich nur schwer trennten. Und so macht sich Sodann gelegentlich mit dem Theaterbus auf Büchertour, denn er sammelt weiter für „seine" Bibliothek.

Die ist nicht aus (N)Ostalgie entstanden, sondern aus dem Glauben und dem Wunsch, „daß unsere Enkel einmal nachlesen wollen, was ihre Großväter gemacht haben". Für Sodann sind die Bücher ein Stück Kulturerbe der DDR, die er mit der Sammlung nicht etwa wiederbeleben will. Aber „auch in einer Diktatur, wie unsere eine war, bleibe immer ein Freiheitsgedanken am Leben". Gutherzige humanistische Gedanken steckten eben auch in den Büchern. Die aber wurden nach dem Mauerfall für wertlos erachtet und teils bibliotheksweise auf Müllkippen verfrachtet. Auch dagegen ist das Projekt ein Ausrufezeichen.

Natürlich waren unter den geschenkten Büchern auch Doubletten oder Titel aus West-Verlagen. Die gibt es beim Neuen Theater zum Einheitspreis von zwei Mark pro Stück, und wieder war die Resonanz groß: Vor allem Studenten nutzten die Gelegenheit zum Schnäppchen. Mit dem Geld wollen die Theaterleute eventuelle Lücken in der „DDR-Bibliothek" durch Zukauf schließen.

25 000 Bücher stapeln sich derzeit in der „Kulturinsel" an der Großen Ulrichstraße, etwa 5000 sind katalogisiert. Um all das zu finanzieren, braucht es nicht nur Bücher, sondern möglichst auch Geldspenden, „sonst kriegen wir das hier nicht hin". Auf der Leipziger Buchmesse des Frühjahrs 2001 erhielt Peter Sodann für sein Projekt Unterstützung. Der Verleger des Deutschen Taschenbuch Verlags (dtv), Wolfgang Balk, überreichte ihm einen 10 000-DM-Scheck.

Auf 250 000 Exemplare soll Sodanns Bibliothek noch anwachsen, dann wäre sie komplett. Und der ehemalige DDR-Häftling und Nationalpreisträger hätte – nach 20 Jahren Neues Theater und seinem 65. Geburtstag im Jahre 2001 – einen weiteren Anlaß zu feiern: den Abschluß eines ungewöhnlichen Projekts.

Quellennachweis

Die in dem Band veröffentlichten Texte wurden, soweit es sich nicht um Originalbeiträge handelt, folgenden Publikationen entnommen: Ricarda Huch, Hallenser und Halloren (aus R. H., Neue Städtebilder, Leipzig/Zürich 1929); Heinz Czechowski, Grünewald geht durch die Stadt (aus: Sachsen-Spiegel, Leipzig/Dresden 1990 © beim Autor); Franklin Kopitzsch, Die Wiege der Aufklärung (aus: Merian Sachsen-Anhalt, Hamburg 1990 © beim Autor); Hugo Puetter, Georg Friedrich Händel (aus: Die Großen Deutschen, Zweiter Band © Ullstein, Berlin 1956); Joseph von Eichendorff, Bei Halle (aus: J. v. E., Werke, Berlin 1841); Werner Fuld, Die Blaue Blume war ein Eisenhut (aus: Merian Sachsen-Anhalt, Hamburg 1990 © beim Autor); Heinrich Heine, Zu Halle auf dem Markt (aus: H. H., Buch der Lieder, Hamburg 1827); Joachim Ringelnatz, Halle an der Saale (aus: J. R., Sämtliche Gedichte © Diogenes, Zürich 1994); Curt Goetz, Abschiedsfeier in der Dölauer Heide (aus: C. G., Die Memoiren des Peterhans von Binningen © Deutsche Verlags-Anstalt, Stuttgart 1960); Hans-Dietrich Genscher, Stets war ich stolz auf meine Heimatstadt (aus: H.-D. G., Erinnerungen © Siedler, Berlin 1995); Ute Grundmann, Peter Sodanns DDR-Bibliothek (aus Tagesanzeiger Zürich vom 30. 7. 2001 © bei der Autorin). – In Fällen, in denen die Rechteinhaber oder ihre Anschriften bis zur Drucklegung nicht ermittelt werden konnten, bleiben die Honoraransprüche der Autoren oder ihrer Erben selbstverständlich gewahrt.

Halloren auf einer Salzpackung